Rita Steininger

Von den Wolkenmenschen zum Nabel der Welt

Kulturstätten des Alten Peru:
Chachapoya – Moche – Chimú – Inka

Bibliografische Information der Deutschen Nationalbibliothek
Die Deutsche Nationalbibliothek verzeichnet diese Publikation in der Deutschen Nationalbibliografie; detaillierte bibliografische Daten sind im Internet über http://dnb.d-nb.de abrufbar.

Umschlaggestaltung: Sarah Wittig

Fotos: Werner und Rita Steininger

Printed in Germany

ISBN 978-3-95631-386-8

Shaker Media GmbH
Shaker Media GmbH • Postfach 101818 • 52018 Aachen
Telefon: 02407 / 95964 - 0 • Telefax: 02407 / 95964 - 9
Internet: www.shaker-media.de • E-Mail: info@shaker-media.de

Für Werner

Inhalt

Einleitung

Wer eine Reise nach Peru plant, wird sich ein bestimmtes Ziel mit Sicherheit nicht entgehen lassen: die Region um Cusco, das einstige Machtzentrum der Inka, die vor der Ankunft der Spanier die Herren eines riesigen Reiches waren. Vor allem die Ruinenstadt Machu Picchu zieht alljährlich immense Besucherscharen an.

Fast vergisst man dabei, dass schon viele Jahrhunderte vor den Inka herausragende Kulturen das Land Peru bevölkerten. So wartet insbesondere der Norden mit faszinierenden Sehenswürdigkeiten auf, die für viele Touristen nach wie vor ein Geheimtipp sind.

Das gilt zum Beispiel für Kuélap, die Festung der Chachapoya, die inmitten von Nebelwäldern wie ein verwunschener Ort auf einem 3000 Meter hohen Bergplateau ruht.

Kostbare Grabbeigaben aus Gold und Keramik und riesige Pyramiden aus Lehmziegeln legen in der Umgebung der Küstenstädte Chiclayo und Trujillo Zeugnis von den Hochkulturen der Moche und Sicán (Lambayeque) ab.

Nahe bei Trujillo liegt außerdem die einzigartige Lehmziegelstadt Chan Chan, die das unangefochtene Machtzentrum des Königsreichs der Chimú bildete.

Chachapoya, Moche, Chimú und Inka: Diesen vier altperuanischen Kulturen widmet sich der vorliegende Reiseführer. Er bietet einen Überblick über die wichtigsten Merkmale der jeweiligen Kultur und kann damit als Pocket-Guide eine praktische Hilfe sein. Das gilt nicht nur für Individualreisende, sondern auch auch für Touristen, die es vorziehen, sich geführten Touren anzuschließen. Denn die Fülle an Informationen, die ein Guide vor Ort vermitteln kann, bleibt meist nur dann im Gedächtnis, wenn man sich zuvor selbst näher mit dem jeweiligen Thema auseinandergesetzt hat. Dazu soll dieses Buch dienen.

Manche Hochkulturen des Alten Peru – wie etwa die der Nazca – habe ich in diesem Buch bewusst außer Acht gelassen. Meine Beschreibungen befassen sich allein mit den Kulturen, die ich mit eigenen Augen kennengelernt habe.

Danken möchte ich an dieser Stelle meinem Mann Werner Steininger, mit dem ich im Herbst 2013 durch Peru gereist bin. Sein Reisetagebuch hat mich dazu angeregt, dieses Buch zu schreiben, und von ihm stammt auch ein Großteil der darin enthaltenen Abbildungen.

1. Die Chachapoya – Wolkenmenschen im Nebelwald

Im Nordosten Perus, im heutigen Departement Amazonas, lebten die Chachapoya oder „Nebelkrieger“, ein präkolumbianisches Volk, das einige Jahrzehnte vor der Ankunft der Spanier von den Inka erobert wurde. Diese gaben ihnen den Namen „Wolkenmenschen“. Das Siedlungsgebiet der Chachapoya erstreckte sich zwischen dem Río Marañon und dem Río Huallaga, zwei Zuflüssen des Amazonas, wobei das Kerngebiet vermutlich im Tal des Río Utcabamba und im umgebenden Nebelwald lag, da dort die Dichte der bisher entdeckten Siedlungsreste am höchsten ist.

Geschichte und Kultur der Chachapoya

Über die Chachapoya existieren kaum präzise schriftliche Quellen, sodass man sich von vielen Aspekten ihrer Geschichte und Kultur nur ein Bild machen kann, indem man archäologische Funde auswertet (wobei die meisten von diesen wohl noch auf ihre Entdeckung warten). Allein ihre Bevölkerungszahl wird sehr unterschiedlich geschätzt: Die Angaben der Forscher schwanken zwischen 20.000 und 250.000, teilweise ist sogar von 500.000 Menschen die Rede.

Auch die Herkunft der Wolkenmenschen ist umstritten: Einige Forscher vermuten, dass sie aus dem Andenhochland kamen. Andere, unter ihnen der deutsche Archäologe Klaus Koschmieder (siehe „Literatur“ und „Dokumentarfilme“ im Anhang), sind der Ansicht, dass sie um etwa 500 n. Chr. aus dem Amazonasgebiet einwanderten.

Der deutsche Kulturwissenschaftler Hans Giffhorn (siehe „Literatur“ und „Dokumentarfilme“ im Anhang) geht in dieser Hinsicht noch einen bedeutenden Schritt weiter: Da spanische Chronisten die Chachapoya als hellhäutiger als ihre Nachbarvölker beschrieben, sieht er darin einen Hinweis, dass sie möglicherweise von Europäern abstammten. Ihre Vorfahren seien vermutlich antike Kelten und Karthager gewesen, die von den Balearen aus die Straße von Gibraltar passiert und dann den Pazifik überquert haben könnten. Diese These, die seit einiger Zeit in der Diskussion steht, wird allerdings von vielen Wissenschaftlern abgelehnt.

Siedlungen und Lebensweise

Die Chachapoya lebten in charakteristischen Rundhüttensiedlungen, die oft auf künstlich angelegten Plattformen in bis zu 3400 Meter Höhe lagen und zum Schutz gegen Eindringlinge von einer Steinmauer umgeben waren. Neben den Rundhütten gab es auch rechteckige Gebäude, doch diese beherbergten nur Ställe oder Lagerräume.

Ihren Nahrungsbedarf deckten die Chachapoya unter anderem durch Meerschweinchen, die sie in Gehegen in ihren Wohnhäusern hielten (siehe Abbildung links unten).

Um ihren Fleischbedarf zu decken, gingen sie außerdem auf die Jagd. Sie besaßen auch große Lamaherden. In den Hanglagen ihres Siedlungsgebiets errichteten sie Steinterrassen für ihre Bohnen-, Mais- und Kartoffelfelder. In den Flussebenen legten sie Bewässerungssysteme für den Anbau von Baumwolle, Pfeffer und Koka an.

Ihre schlichte Keramik zeugt von wenig künstlerischem Ehrgeiz; sie war vor allem für den Alltagsgebrauch bestimmt. Auch der Verarbeitung von Edelsteinen und Edelmetallen zu Schmuck schenkten die Chachapoya wenig Beachtung. Dagegen war ihre Webkunst berühmt und später selbst bei den Inka hoch geschätzt.

Religion

Über die Religion der Wolkenmenschen ist relativ wenig bekannt. Das liegt zum Teil daran, dass ihnen nach der Eroberung durch die Inka deren religiöse Gebräuche aufgezwungen wurden. Aufsehenerregende Grab- und Mumienfunde deuten jedoch darauf hin, dass sie nicht nur vor, sondern auch nach der Ankunft der Inka einen bedeutenden Ahnenkult pflegten.

Die Chachapoya kannten unterschiedliche Bestattungsformen, je nach gesellschaftlichem Stand oder Clanzugehörigkeit des Verstorbenen. So gab es einfache Bestattungen in den Lehmfußböden der Wohnhäuser oder in Felsspalten bis hin zu aufwändigen Bestattungen in Lehmsarkophagen, Mausoleen oder Grabtürmen (*Chullpas*).

Gesellschaftsstruktur

Bisher fanden die Kulturwissenschaftler keine Hinweise darauf, dass die Chachapoya einen Herrscher hatten, der über über dem ganzen Volk stand. Vielmehr scheinen sie in Clans oder Häuptlingstümern organisiert gewesen zu sein, die eine gemeinsame Kultur und Sprache besaßen.

Das Ende der Chachapoya-Kultur

Um 1470 wurden die Chachapoya nach Jahren erbitterten Widerstands und blutiger Auseinandersetzungen von den Inka unterworfen. Da sie nicht bereit waren, ihren Widerstand gegen die Eroberer aufzugeben, wurden sie rigoros zwangsumgesiedelt – eine Strafmaßnahme, die die Inka auch bei anderen Völkern anwendeten.

Die Ankunft der Spanier besiegelte schließlich das Schicksal der Chachapoya. Obwohl sie sich mit den Konquistadoren verbündeten und ihnen halfen, das Inkareich zu zerstören, bekamen sie ihre Freiheit nicht zurück. Stattdessen wurden sie von eingeschleppten europäischen Krankheiten dahingerafft. Ihre Sprache verschwand, von ihren Siedlungen blieben nur Fundamente übrig, ihre Holzwerkzeuge und Textilien hat die Feuchtigkeit des Nebelwalds vernichtet.

Die Festung Kuélap

Bereits 1843 wurden die Ruinen von Kuélap entdeckt, jedoch erst ab Anfang des 20. Jahrhunderts wissenschaftlich erkundet. Viele Wissenschaftler datieren die Errichtung der gewaltigen Anlage auf das 8. bis 9. Jahrhundert. Neuere archäologische Befunde haben allerdings ergeben, dass mit ihrem Bau vermutlich etliche Jahrhunderte früher, eventuell sogar schon im 1. Jahrhundert v. Chr., begonnen wurde.

Die befestigte Siedlung liegt auf einem 3000 Meter hohen, langgezogenen Bergplateau und ist von einer rund 1500 Meter langen, bis zu acht Meter dicken und bis zu 20 Meter hohen Mauer umgeben. Ungefähr 300 Meter lang und bis zu 110 Meter breit ist die imposante Festungsanlage (siehe Abbildung rechts oben).

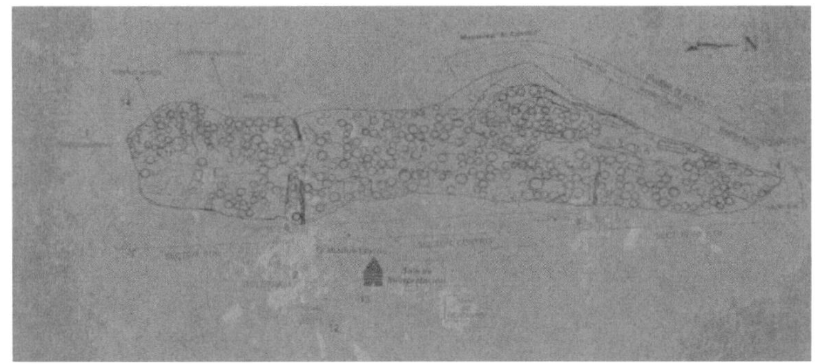

Kuélap ist ein riesiger steinerner Koloss: Nach Schätzungen von Experten sollen für die gesamte Anlage rund 100.000 bis zu 200 Kilogramm schwere Kalksteinblöcke verbaut worden sein – rund dreimal so viele Steine wie für die Cheops-Pyramide.

Eingänge

Zwei Eingänge auf der Ostseite gewähren Zutritt ins Zentrum Kuélaps: schmale, steil ansteigende Korridore, an deren unterem Ende gerade zwei Personen nebeneinander Platz haben. Nach oben hin verengen sich die Zugänge weiter, sodass nur noch einzelne Personen nacheinander passieren können. Auf diese Weise ließ sich die Anlage hervorragend gegen Eindringlinge verteidigen. Wissenschaftler vermuten, dass die Bewohner von Kuélap so die Angriffe feindlicher Krieger, wie etwa der Huari, erfolgreich abwehren konnten.

Ober- und Unterstadt

Besucher betreten die Festung über den nordöstlichen Eingang, der zum Nordteil der Anlage führt, die in eine Ober- und Unterstadt unterteilt war. Von der Burg, die einst auf der oberen Plattform thronte, kann man heute so gut wie nichts mehr erkennen. Nur der Turm, der an der äußersten Nordspitze aufragt und als Beobachtungsposten gedient haben dürfte, befindet sich in verhältnismäßig gutem Zustand.

Hier bietet sich dem Besucher ein grandioses Panorama der umgebenden Berglandschaft.

Ein Streifzug durch die Unterstadt gewährt einen interessanten Einblick in die Wohnverhältnisse der Chachapoya, auch wenn von den insgesamt mehr als 400 kreisrunden Steinhäusern der Festung nur die Grundmauern übrig geblieben sind. Doch auf dem Weg in den südlichen Teil der Festung kommt man an der Rekonstruktion eines Wohnhauses mit konischem Dach vorbei, das eine gute Vorstellung von der typischen Bauweise der Wolkenmenschen vermittelt. Vereinzelt weisen die Fundamentmauern Verzierungen wie Rauten oder Zickzack-Muster auf. Forscher glauben, dass es sich hier um die Häuser höhergestellter Bewohner handelt.

Bis zu 2000 Menschen sollen in Kuélap gelebt haben. Und doch bezweifeln manche Wissenschaftler, dass die Anlage überhaupt ständig bewohnt war. Denn bisher ist das Rätsel, wie die Wasserversorgung funktionierte, nicht gelöst. Manche Forscher vertreten daher die Meinung, dass Kuélap nicht als Wohnort, sondern in erster Linie als Verwaltungs- und Zeremonialzentrum anzusehen ist.

Zumindest soweit es den südlichen Teil Kuélaps betrifft, teilen auch andere Wissenschaftler die Ansicht, dass dieser Bereich in erster Linie religiösen Zwecken diente. Der Haupttempel am Südende zeigt die außergewöhnliche Form eines sich nach unten verjüngenden Kegels, was ihm den Namen *El Tintero* (übersetzt: das Tintenfass) eingebracht hat. Der einzige Eingang zu diesem Gebäude ist die Öffnung von oben. Über die Bedeutung des Bauwerks wird noch gerätselt: Die Deutungen reichen von einem Observatorium über einen Begräbnisort bis hin zu einem Verlies. Die Tatsache, dass man im Inneren des Tempels Opfergaben sowie Tier- und Menschenknochen gefunden hat, lässt sich jedenfalls als Hinweis auf zeremonielle Zwecke verstehen.

Mystischer Zauber

Hohe Bäume, an deren weit ausgestreckten Ästen Bromelien wuchern, verleihen dem Bergort Kuélap eine geradezu mystische Atmosphäre. Und doch erkunden nur etwa 25.000 Besucher jährlich die Festung – eine Zahl, die in Machu Picchu innerhalb von zehn Tagen erreicht wird. Dabei mag es mancher Besucher als Glücksumstand betrachten, dass er sich vom magischen Zauber Kuélaps noch immer weitgehend ungestört in den Bann ziehen lassen kann.

Durch den südlichen der beiden Osteingänge verlässt man Kuélap und steigt die hölzernen Stufen hinunter zum Fuß der Festungsmauer – nicht ohne unterwegs die Steinmetzarbeiten in einzelnen Mauerblöcken eines genaueren Blicks zu würdigen: Schlangen, Vögel und andere Figuren, deren Bedeutung nicht eindeutig entschlüsselt werden konnte, wurden hier kunstvoll aus dem Stein gearbeitet (siehe Abbildung oben).

Spektakuläre Mumienfunde

1996 entdeckten einheimische Bauern beim Roden eines Nebelwaldes oberhalb des Kondorsees (Laguna de los Cóndores) eine Grabstätte. Dass diese nicht sofort geplündert wurde, wie es damals mit vielen anderen Heiligtümern geschah, ist allein der Tatsache zu verdanken, dass die Bauern mit ihren Nachbarn in Streit gerieten. Jede Seite beanspruchte das Land und die Grabfunde für sich, sodass man sich gegenseitig anzeigte.

Auf diese Weise erfuhr der deutsche Archäologe Peter Lerche, der schon seit längerer Zeit in der Provinz Chachapoyas lebte, von den Funden. Er organisierte umgehend eine Expedition zur Laguna de los Cóndores und fand dort auf einem Felsplateau eine Ansammlung von Totenhäusern vor, die insgesamt 222 Mumien und nicht-mumifizierte menschliche Skelette enthielten. Die Mumien waren in Stoffbahnen eingewickelt, die auf der Außenseite mit aufgestickten Gesichtern versehen waren. Als Grabbeigaben fand man Textilien, Keramikgefäße und vereinzelt auch Knotenschnüre (*Quipus*), die offenbar aus der Inkazeit stammen. Auch die systematische Mumifizierung der Verstorbenen ist dem Einfluss der Inka zuzuschreiben.

Übereinstimmend damit hat die Auswertung der Mumienfunde ergeben, dass die geborgenen Mumien aus drei Epochen der Chachapoya-Kultur stammen: der eigentlichen Chachapoya-Phase (bis etwa 1470), der Chachapoya-Inka-Phase (1470 bis 1532) und der Kolonialzeit.

Informationen für Besucher

Kuélap

Ein günstiger Ausgangspunkt für eine Tour nach Kuélap ist Chachapoyas, eine Stadt mit etwa 30.000 Einwohnern, die auf 2336 Meter Höhe liegt. Diverse Tourveranstalter im Ort bieten ganztägige Fahrten zur Ruinenstätte an.

Knapp 70 Kilometer sind es von Chachapoyas bis Kuélap. Ein großer Teil der Strecke in Richtung Süden führt am Río Utcubamba entlang, an dessen Steilhängen die Chachapoya einst ihre Toten bestatteten. Danach geht es auf einer unbefestigten, sehr engen Schotterstraße, neben der auf der einen Seite der Abgrund gähnt, auf der anderen die Steilwand aufragt, bergauf bis auf ca. 2800 Meter Höhe. Die Fahrt endet auf dem Parkplatz neben einer Ansammlung von Gebäuden, die erst 2014 fertiggestellt wurden. Sie beherbergen das Besucherzentrum mit dem Ticketoffice und einem Museum sowie kleine Läden, Imbiss- und Souvenirstände. Von hier führt ein Fußweg von etwa 20 Minuten zum Eingang der Festung.

Spannend, aber auch sehr anstrengend und deshalb nur für gut Trainierte geeignet, ist eine Wanderung, die von der Ortschaft Nuevo Tingo in steilen Serpentinen nach Kuélap hinaufführt. Bei dieser rund fünfstündigen Wanderung sind annähernd 1200 Höhenmeter zu bewältigen. Da man in diesem Gelände leicht die Orientierung verlieren kann, empfiehlt es sich, einen Guide in Anspruch zu nehmen. Der Auf- und Abstieg dauert insgesamt einen Tag, deshalb ist es ratsam, eine Übernachtung im Dorf Kuélap unterhalb der Ruinen einzuplanen. Dort gibt es eine einfache kleine Herberge und einen Platz zum Zelten.

Leymebamba und die Laguna de los Cóndores

Das Museo Leymebamba, in dem die in der Laguna de los Cóndores entdeckten Mumienbündel und Grabbeigaben aufbewahrt sind, liegt mehr als 80 Kilometer südlich von Chachapoyas. Von der Ortschaft Leymebamba aus kann man das Museum in wenigen Minuten mit dem Taxi oder in etwa 45 Minuten zu Fuß erreichen.

Zur Laguna de los Cóndores, die 35 Kilometer südöstlich von Leymebamba liegt, gelangt man nur per Pferd beziehungsweise Maultier oder zu Fuß in Begleitung eines ortskundigen Führers. Die gesamte Tour (Hin- und Rückweg sowie zwei Übernachtungen in einer sehr einfachen Herberge an der Lagune) dauert drei Tage, dabei sind schlammige Pfade und etwa 1400 Höhenmeter zu bewältigen. Die Wanderung ist deshalb nur für äußerst Konditionsstarke zu empfehlen. Buchen kann man eine solche Tour im Hotel La Casone de Leymebamba oder im Hotel Laguna de los Cóndores; beide befinden sich in Leymebamba.

Farbabbildungen auf den folgenden Seiten:

- *Rekonstruktion einer Rundhütte*
- *Mauer mit Rautenmuster*
- *Häuserruinen in der Unterstadt*
- *Das Tintenfass*

2. Pyramiden und Schätze der Moche-Kultur

Der Begriff Moche bezeichnet eine altperuanische Kultur, die nach dem Río Moche benannt ist, dem Fluss, der am südlichen Stadtrand von Trujillo ins Meer mündet. Doch auch die Träger dieser Kultur werden Moche (oder Mochica) genannt, wobei nicht geklärt ist, ob es sich hierbei um ein Volk oder um mehrere Völker handelte, lassen sich doch deutliche Unterschiede zwischen den Kulturmerkmalen der nördlichen und der südlichen Mochica erkennen.

Die bedeutendsten Heiligtümer der Moche-Kultur liegen in der Nähe der Küstenstädte Chiclayo und Trujillo. Die großen Schätze, die sie beherbergten, sind heute in Museen zu besichtigen – soweit sie nicht von *Huaqueros* (Grabräubern) geplündert wurden.

Geschichte und Kultur der Moche

Die Kultur der Mochica entstand um etwa 100 n. Chr. und dauerte bis in die Mitte des 8. Jahrhunderts an. In diesem Zeitraum beherrschten die Mochica einen bis zu 50 Kilometer breiten Küstenstreifen, der sich von der heutigen Stadt Piura in Nordperu bis auf die Höhe von Huaraz erstreckte.

Wirtschaft

Die wirtschaftliche Grundlage bildete die Landwirtschaft. Neben dem bedeutendsten Grundnahrungsmittel Mais wurden vor allem Bohnen, Kürbisse, Kartoffeln, Getreide, Chili und Avocados angebaut. Dabei entwickelten die Moche ein raffiniertes Bewässerungssystem, mit dem sie das Wasser aus dem Andenhochland so günstig über die Trockengebiete in der Region des Río Moche verteilen konnten, dass bis zu drei Ernten im Jahr möglich waren. Auch die Zucht von Meerschweinchen und einer speziell an das Küstenklima angepassten Lama-Art waren von wirtschaftlicher Bedeutung. Ebenso spielte die Fischerei eine wichtige Rolle. Sardellen und andere Seefische, die man in in großen Mengen fing, wurden getrocknet oder zu Fischmehl verarbeitet und gehörten somit zu den Grundnahrungsmitteln.

Die Versorgung mit Luxusgütern und Rohstoffen für das Handwerk und Kunstgewerbe sicherte ein ausgedehntes Fernhandelsnetz: Von Ecuador bis wenige Kilometer nördlich von Lima waren Händler mit riesigen Lamakarawanen in alle Himmelsrichtungen unterwegs.

Gesellschaftsstruktur und Siedlungsformen

Die Gesellschaft der Moche war streng hierarchisch gegliedert. Auf der obersten Stufe standen gottähnliche Priesterfürsten, gefolgt von einer Kriegeraristokratie. Innerhalb des einfachen Volkes richtete sich der jeweilige soziale Status nach der Zugehörigkeit zu einer Berufsgruppe.

Neben den Gehöften, in denen die Bauern lebten, waren bei den Moche erstmals auch größere Siedlungen für die einfache Bevölkerung anzutreffen. Sie lagen in unmittelbarer Nachbarschaft zu den bedeutenden Pyramiden. Höchstwahrscheinlich war der Zugang zu den Heiligtümern aber nur wenigen Siedlungsbewohnern gestattet, etwa Angehörigen besonderer Berufsgruppen.

Kunsthandwerk und Architektur

In der Berufsgruppe der Handwerker waren Gold- und Silberschmiede, Töpfer und Weber vertreten. Dabei unterschied man zwischen Werkstätten, in denen nur einfache Objekte für den täglichen Gebrauch hergestellt wurden, und solchen, in denen bedeutende Meisterwerke für die großen Heiligtümer entstanden.

Die Technologie der Metallverarbeitung war hoch entwickelt (siehe Abbildung oben). Neben Gold, das als Schwemmgold aus den Flüssen gewonnen wurde, verarbeitete man auch Silber und Kupfer, wenn auch in geringerem Umfang, da diese Metalle in Bergwerken abgebaut werden mussten.

Die zahlreichen Keramikfunde mit ihren Darstellungen von Menschen, Tieren, Pflanzen und Dämonen sind so lebensnah, dass man sie als „keramisches Bilderbuch" bezeichnet hat. Dabei entstanden viele Objekte mithilfe von Modeln – zweiteiligen Keramikformen, in die der frische Ton eingedrückt, nach einer gewissen Trocknungszeit herausgenommen und anschließend bemalt und gebrannt wurde.

Nicht zuletzt ist die Berufsgruppe der Architekten und Bauhandwerker zu nennen, die große Bauwerke wie die berühmten Stufenpyramiden errichteten. Die meisten dieser monumentalen Bauten dienten jedoch nicht als Grabstätten, sondern als Zeremonialzentren.

Religion und Opferrituale

Über die Religion der Moche ist kaum mehr bekannt als das, was sich aus den Darstellungen in ihren Kunstwerken interpretieren lässt (siehe Abbildung oben).

Die bekannteste Gottheit der Moche ist Aiapaec (wörtlich „derjenige, der macht"). Als höchster Gott war er der Herrscher über Leben und Tod, über Menschen, Tiere und Pflanzen. In Reliefs und auf Kunstobjekten begegnet man außerdem immer wieder dem „Enthauptergott," der häufig als menschliche Gestalt mit wulstigen Brauen und Fangzähnen dargestellt wurde, in der einen Hand einen Menschenkopf haltend, in der anderen ein *Tumi* (Zeremonial- und Opfermesser). Eine weitere wichtige Gottheit ist ein Wesen, das aus einem Menschenkörper mit dem Kopf und den Gliedmaßen einer Raubkatze besteht.

Wie in vielen anderen Kulturen Lateinamerikas wurden auch bei den Moche Menschen geopfert, um die Götter versöhnlich zu stimmen. Oft geschah das auf sehr grausame

Weise, indem man den Opfern etwa die Fingernägel herauszog oder mit einer Keule das Nasenbein zertrümmerte, bevor man ihnen die Kehle durchschnitt. Um ihnen die Angst vor dem grausamen Tod zu nehmen, bekamen die Opfer Kokablätter und Essenzen aus dem San-Pedro-Kaktus (*Trichocereus pachonoi*) verabreicht, die eine stark halluzinogene Wirkung haben.

Die Wissenschaftler gehen davon aus, dass es sich bei den Opfern um auserwählte Krieger, vermutlich Angehörige der gesellschaftlichen Elite handelte. Sie waren dazu bestimmt, sich lebenslang rituellen Zweikämpfen zu stellen. Sobald ein Krieger einen Kampf verlor, wurde er geopfert.

Das Ende der Moche-Kultur

Ihren Höhepunkt erreichte die Moche-Kultur im 6. Jahrhundert. Vieles deutet darauf hin, dass sie sich bis zu diesem Zeitpunkt weitgehend friedlich mit den benachbarten Völkern verständigten und mit ihnen in regen Handelsbeziehungen standen. Im 8. Jahrhundert verschwanden die Moche dann plötzlich aus den Flusstälern am Meer.

Die Frage, warum diese Hochkultur unterging, beschäftigt die Wissenschaft bis heute. Manche Archäologen sehen die Ursache in Erdbeben und Überschwemmungen (ausgelöst durch das El-Nino-Phänomen), die möglicherweise lebenswichtige Bewässerungssysteme zerstörten. Andere vermuten, dass Klimaveränderungen die Fischbestände verringert und damit einen bedeutenden Teil der Nahrungsgrundlage zerstört hätten.

Einer weiteren Theorie zufolge sollen die Moche selbst maßgeblich zu ihrem Ende beigetragen haben: Indem sie in ihren blutigen Ritualen zumeist junge, aufstrebende Mitglieder ihrer Gemeinschaft opferten, sollen sie sich dadurch ihrer eigenen Zukunft beraubt haben.

Huaca Rajada – die Nekropole von Sipán

Im Februar 1987 entdeckte der peruanische Archäologe Walter Alva im Lambayeque-Tal die Nekropole von Sipán. Zu diesem Zeitpunkt war ein Teil der Anlage bereits geplündert worden – wobei ein Streit unter den Plünderern, der mit einer Anzeige endete, den Archäologen überhaupt erst auf den Ort aufmerksam machte. Die Stätte wurde sofort abgeriegelt und unter schärfste Bewachung gestellt. Im Lauf der folgenden Monate gelang es dem Team um Alva, unermessliche Schätze aus dem Inneren der Grabstätte zu bergen: rund 200 Objekte aus Gold und Silber sowie kostbare Pektorale aus Muscheln.

War man anfangs davon ausgegangen, dass es sich um ein einzelnes Fürstengrab handelte, so stellte sich bald heraus, dass der Ort eine Nekropole war, in der über Jahrhunderte hinweg Fürsten und andere hochrangige Persönlichkeiten bestattet wurden: Herrscher, Priester und Krieger sowie ihre jeweilige Gefolgschaft.

Der Fürst von Sipán

Das erste Grab, das Alva und sein Team freilegten, war jedenfalls ohne Zweifel das eines Herrschers. Die Wissenschaftler gaben dem Toten den Namen *Señor de Sipán* (Fürst von Sipán), nach dem gleichnamigen Dorf, das in der Nähe der Ausgrabungsstätte liegt. Der Herrscher, der vor mehr als 1700 Jahren hier bestattet wurde, war bei seinem Tod um die 40 Jahre alt und mit einer Körperlänge von 1,65 Meter für die damalige Zeit überdurchschnittlich groß. Umgeben war er von mehreren Begleitpersonen, die ihm unter Zwang in den Tod gefolgt waren: Oberhalb seines Kopfes und zu seinen Füßen ruhte jeweils eine seiner Frauen. Links von ihm lagen ein Kind und ein Standartenträger, rechts von ihm ein Krieger. Auf einer höher gelegenen Ebene waren zwei Wächter platziert, denen man die Füße abgeschnitten hatte – vermut-

lich, um sie noch im Jenseits daran zu hindern, ihren Wachtposten zu verlassen (siehe Abbildung oben). Unter den wertvollen Grabbeigaben, die den Herrscher ins Jenseits begleiteten, fand man goldene Amulette, Gold- und Silberschmuck, eine Maske aus Gold, Muschelketten, Edelsteine, Textilien und mehr als 1000 Keramikgefäße.

Das Grab des Priesters und des Alten Herrschers

Ein weiteres, nicht ganz so reich ausgestattetes Grab war das eines Mannes, den man als Priester identifizierte, weil man ihm für seine Reise ins Jenseits unter anderem einen goldenen Kelch mitgegeben hatte – ein Objekt, das in der Moche-Kunst häufig in Opferszenen dargestellt wird. Auch der Priester war in seinem Grab von mehreren Begleitpersonen umgeben, die mit ihm bestattet worden waren.

Als dritte Gruft wurde in der Nekropole von Sipán ein Fürstengrab freigelegt, das etwa 100 Jahre älter ist als das des *Señor de Sipán*. Der hier beigesetzte Alte Herrscher, wie er genannt wird, war zwischen 45 und 55 Jahre alt und ungefähr 1,60 Meter groß. Obwohl sein Grab relativ bescheidene

Ausmaße hatte und es bei ihm keine Nebenbestattungen gab, waren die Grabbeigaben überaus wertvoll und ähnelten teilweise denen des Fürsten. Man nimmt daher an, dass der hier Bestattete denselben Rang wie der *Señor de Sipán* hatte, möglicherweise sogar ein Vorfahre von ihm war.

Weitere Grabfunde

Neben diesen drei Gräbern sind bis heute viele weitere gefunden worden, unter ihnen das Grab des „Kriegers", das auf einer tieferen Ebene als das Grab des Fürsten von Sipán, aber oberhalb des Grabs des Alten Herrschers lag und deshalb zeitlich zwischen beiden einzuordnen ist.

Als sicher gilt: Je tiefer die Gräber liegen, desto älter sind sie. Insofern sorgte die Entdeckung von Grab 15 im Jahr 2009 für eine Überraschung: Rund zwölf Meter unter der Oberfläche fand man die Gruft eines ungefähr 21-jährigen Mannes, die auf die Zeit um 100 v. Chr. datiert wird – auf eine Zeit also, in der es laut der vorherrschenden Lehrmeinung noch gar keine Moche gab.

El Brujo und die Fürstin von Cao

Im Jahr 2005 machten Archäologen an der Ausgrabungsstätte El Brujo einen aufsehenerregenden Fund: In der Lehmpyramide Huaca Cao Viejo entdeckten sie eine in 20 Lagen Baumwollstoff eingehüllte weibliche Mumie, datiert auf etwa 450 n. Chr. Ihre Haut war mit Schlangen- und Spinnenmotiven tätowiert, ihre Haare waren zu zwei Zöpfen geflochten. Nie zuvor hatte man in Peru eine besser erhaltene Mochica-Mumie gefunden.

Die Frau war höchstens 30 Jahre alt, als sie, vermutlich nach der Geburt eines Kindes, starb. Nach Ansicht der Archäologen handelte es sich um eine Herrscherin, vielleicht auch um eine Hohepriesterin. Darauf deuten jedenfalls die kostbaren Grabbeigaben hin: Die Fürstin von Cao, wie sie genannt wird, war mit einem Herrscherstab, mit Ringen, Ohr- und Nasenschmuck, einer Krone und einer Gesichtsmaske geschmückt – alles aus reinem Gold.

Eine Frau als Fürstin eines Kriegervolkes, das war eine Sensation. Bis zum Zeitpunkt ihrer Entdeckung waren die Wissenschaftler ausschließlich von männlichen Moche-Herrschern ausgegangen.

Die Huaca Cao Viejo gehört wie die Huaca Cortada und die Huaca Prieta zum Zeremonialkomplex El Brujo. In den Überresten des Kleinen Tempels, der in der Huaca Cao Viejo liegt, haben die Archäologen mehrfarbige Reliefs mit lebensgroßen Darstellungen von Priestern, Kriegern und Gefangenen entdeckt. Man vermutet, dass es sich hierbei um einen Ritualkalender handelt.

Huaca de la Luna und Huaca del Sol

Im Río-Moche-Tal, nur wenige Kilometer südöstlich vom Stadtrand von Trujillo, liegen die Sonnenpyramide (Huaca del Sol, siehe Abbildung unten) und die Mondpyramide

(Huaca del la Luna). Diese klangvollen Namen erhielten sie von den Spaniern, sie haben mit der einstigen Bedeutung der beiden Bauwerke allerdings nichts zu tun.

Das größte Bauwerk Amerikas

Als die Sonnenpyramide um 450 n. Chr. fertiggestellt wurde, war sie mit einer Länge von 345 Metern, einer Breite von 160 Metern und einer Höhe von mehr als 40 Metern das größte Bauwerk Amerikas. Ihre Mauern bestanden (ebenso wie die der Mondpyramide) aus handgefertigten Lehmziegeln. Ein Großteil der Ziegel war mit einem Stempel versehen, der darüber Auskunft gab, welcher Zulieferer damit seinen erforderlichen Anteil an der Entstehung der Pyramide geleistet hatte (siehe Abbildung oben). Mehr als 100 verschiedene Symbole konnte man bisher ausfindig machen.

Heute ist von den einstigen Ausmaßen der gigantischen Anlage nicht einmal mehr die Hälfte übrig geblieben. Das liegt nicht nur an den zerstörerischen Wüstenwinden oder am Klimaphänomen El Niño, das mit sintflutartigen Unwettern regelmäßig die peruanische Küste heimsucht. Auch die Spanier haben ihren Teil dazu beigetragen, als sie 1602 den Río Moche umleiteten und die Pyramide fluteten, um an die darin vermuteten Goldschätze heranzukommen. Ob ihnen das gelang, weiß man nicht, denn noch ist die Sonnenpyramide archäologisch nicht näher untersucht worden.

Das Werk von sechs Bauphasen

Dagegen wird die Mondpyramide, die in einem Abstand von einigen hundert Metern der Sonnenpyramide gegenüber steht, seit Jahrzehnten eingehend erforscht. Mit 290 Meter Länge, 210 Meter Breite und einstmals 32 Meter Höhe war sie deutlich kleiner als die Sonnenpyramide. Dennoch hat sie sich in den letzten Jahren zu einem attraktiven Touristenziel entwickelt – nicht ohne Grund. Denn hier haben die Archäologen bereits eine Vielzahl an Fresken und Reliefs der Moche-Kultur, vorwiegend in Gold-, Ocker- Schwarz- und Weißtönen, freigelegt, die erstaunlich gut erhalten sind.

Der Bau der Pyramide begann um das Jahr 500. Im Laufe von Jahrhunderten wurde die Pyramide dann in sechs Bauphasen mehrere Male überbaut. Auf diese Weise entstand eine Gesamtanlage, die aus Rampen, Plattformen, Plätzen, Höfen, Kammern und kleinen Tempeln besteht.

Reliefs und Fresken

Ein Rundgang durch die Mondpyramide führt den Besucher zunächst auf die oberste Plattform, deren Innenwände furchteinflößende Reliefs zieren: grimmige Gesichter mit weit aufgerissenen Augen und gefletschten Zähnen. Auch der Enthauptergott ist auf einem der Reliefs zu erkennen.

In einer Ecke der obersten Plattform befindet sich ein kleiner Tempel mit Wandgemälden. Er wird als Neuer Tempel bezeichnet, weil er wesentlich später entstand als der benachbarte Alte Tempel.

Eine besondere Attraktion ist die Nordfassade des Mondtempels mit ihrer einzigartigen Stufenform und der beeindruckenden Größe (siehe Abbildung oben): Ihre Breite beträgt 95 Meter, ihre Höhe 24 Meter. Die sieben übereinanderliegenden Stufen präsentieren farbige Wandreliefs, jede Stufe mit einem eigenen, sich wiederholenden Motiv. So sind auf der untersten Stufe bewaffnete Krieger und ihre gefesselten, nackten Gefangenen abgebildet. Auf den Stufen darüber sieht man Menschen, die Opfergaben darbringen, Spinnen mit abgeschlagenen Menschenköpfen, verschiedene mythische Wesen, den höchsten Gott Aiapaec und den Gott der Berge, dargestellt als Enthauptergott.

Eine weitere Sehenwürdigkeit findet man in der östlichen Ecke der Nordfassade: ein Kunstwerk, das als komplexestes, höchstentwickeltes und besterhaltenes Wandrelief der Moche gilt. Es quillt geradezu über von mythologischen Szenen, Göttern, Menschen, Tieren und Pflanzen sowie Erd- und Meeresmotiven. Eine verbindliche Deutung der vielfältigen Darstellungen existiert bisher nicht.

Unmittelbar vor der Nordfassade erstreckt sich der große Zeremonialplatz, an dem vermutlich die Menschenopferrituale vollzogen wurden.

Wohnen und arbeiten zwischen den Pyramiden

Auf dem weitläufigen Gelände, das zwischen dem Sonnen- und Mondtempel liegt, befindet sich eine weitere Ausgrabungsstätte. An diesem Ort lag einst die Wohnsiedlung, in der die Arbeiter der beiden Tempel lebten. Auch Produktionsstätten gab es hier, in denen die Handwerker Keramiken, Metallobjekte und Schmuck herstellten. Nicht zuletzt fand man auf dem Gelände eine Nekropole.

Túcume – die Pyramiden der Sicán

Nicht von den Moche, sondern von den Sicán (oder Lambayeque) stammen die Pyramiden von Túcume, die ungefähr 25 Kilometer nördlich der Stadt Chiclayo liegen (siehe Abbildung nächste Seite). Auf ein Gebiet von 220 Hektar verteilt, findet man hier die Überreste von 26 Pyramiden, die wie die Pyramiden der Moche aus Lehmziegeln bestanden. Huaca Larga ist mit 454 Meter Länge, 120 Meter Breite und mehr als 30 Meter Höhe die größte von ihnen.

In den Achtzigerjahren des 20. Jahrhunderts führte der norwegische Forscher Thor Heyerdahl an diesem Ort, der auch das Tal der Pyramiden genannt wird, Ausgrabungen durch. Nach Ansicht der Archäologen entstanden die Pyramiden von Túcume, als durch den Niedergang der Moche-Kultur im Lambayeque-Tal ein Machtvakuum entstand, das die Sicán nutzten, um hier ein ausgedehntes administratives, militärisches und religiöses Zentrum zu errichten. Die Pyramiden dürften dabei in erster Linie für religiöse Zwecke erbaut worden sein.

Vermutlich wurde Túcume kurz nach der Ankunft der Spanier aufgegeben. Berichte von den Eroberern und ihren Pferden (solche Tiere hatte man in dieser Region noch nie gesehen) hatten offenbar eine Panik in der Bevölkerung ausgelöst, sodass die Menschen den Ort fluchtartig verließen. Zuvor sollen sie die Götter mit Menschenopfern um Hilfe angefleht haben. Darauf deuten 119 enthauptete Skelette hin, die 2005 in der Gegend von Túcume gefunden wurden.

Informationen für Besucher

Von Chiclayo beziehungsweise Trujillo aus bieten diverse Tourveranstalter organisierte Ausflüge zu allen oben beschriebenen Ausgrabungsstätten an. Kostengünstiger, dafür jedoch zeitaufwändiger, ist die Fahrt mit dem *Colectivo* (Sammeltaxi); für kürzere (Teil-)Strecken bietet sich auch ein Mototaxi oder Taxi an.

Die Nekropole von Sipán

Ausgangspunkt für den Besuch der Nekropole von Sipán ist die Stadt Chiclayo. Die Fahrzeit für die rund 30 Kilometer lange Strecke, die größtenteils über eine staubige Piste führt, beträgt eine knappe Stunde. Vom Terminal Epsel in Chiclayo aus fahren *Colectivos* (Sammeltaxis) im 45-Minuten-Takt nach Sipán. Zu besichtigen sind in der Nekropole einige rekonstruierte Gräber (darunter auch die Grabkammer des Fürsten von Sipán) mit Nachbildungen der Skelettfunde und Grabbeigaben.

In der Kleinstadt Lambayque, die 13 Kilometer nordwestlich von Chiclayo liegt, wurde mit dem Museo Tumbas Reales de Sipán ein Vorzeigeobjekt geschaffen: Der Bau ist einer Moche-Pyramide nachempfunden und enthält mehr als 400 goldene, silberne und juwelenbesetzte Schmuckstücke sowie die Originalfunde aus dem Grab des Herrschers von Sipán.

Im nahe gelegenen Museo Nacional de Arqueología y Etnografía Heinrich Brüning (benannt nach dem deutschen Sammler Heinrich Brüning), das diese Grabfunde zuvor beherbergte, sind mehr als 1400 Exponate der Lambayeque-, Moche-, Chimú- und Inka-Kulturen ausgestellt.

Neuere Grabfunde aus Sipán werden seit 2009 im Museo de Sitio direkt neben der Nekropole von Sipán ausgestellt.

El Brujo

Um die Ausgrabungsstätte El Brujo zu erreichen, fährt man von der Stadt Trujillo aus mit dem Bus bis Chocope und steigt dann in ein Taxi um.

Direkt neben der Huaca Cao Viejo befindet sich das modern gestaltete Cao Museum, wo die tätowierte Herrscherin hinter einer Glaswand ausgestellt ist. Außerdem kann man viele der Goldketten und Schmuckstücke, Textilien und Keramiken bestaunen, die in der Pyramide gefunden wurden.

Huaca de la Luna und Huaca del Sol

Auch für einen Besuch des Sonnen- und Mondtempels nimmt man Trujillo als Ausgangspunkt. Aufgrund der geringen Entfernung vom Stadtzentrum zur archäologischen Stätte bietet es sich an, ein Taxi zu nehmen.

Túcume

Die Pyramiden von Túcume sind in einer etwa 45-minütigen Autofahrt von der Stadt Chiclayo aus zu erreichen. Die Anlage ist für Besucher vor allem wegen ihrer beeindruckenden Größe interessant. Im Museo de Sitio direkt am Eingang der Anlage sind Exponate der Lambayeque-Kultur ausgestellt.

Farbabbildungen auf den folgenden Seiten:

- *Grab des Fürsten von Sipán*
- *Pektoral aus der Nekropole von Sipán*
- *Keramik aus der Nekropole von Sipán*
- *Wandrelief in der Mondpyramide*

3. Das Königreich der Chimú

Nach dem Untergang der Moche-Kultur entstand an der peruanischen Nordküste ein neues Herrschaftsgebiet von bisher unerreichter Größe: das Königreich von Chimor, dessen Kultur und Bevölkerung als Chimú bezeichnet werden. Die Chimú-Hauptstadt Chan Chan, die damals wohl größte Stadtanlage auf dem südamerikanischen Kontinent, war ganz aus Lehmziegeln errichtet und beherbergte einen großen Reichtum an Gold, Silber und keramischen Kunstgegenständen.

Geschichte und Kultur der Chimú

Die Chimú-Kultur entwickelte sich um das Jahr 900 in der Kernregion der früheren Moche-Kultur. Nachdem die Chimú von Chan Chan aus die umliegenden Täler erobert hatten, weiteten sie ihr Machtgebiet in zwei Expansionswellen nach Norden und Süden hin aus. Auf diese Weise schufen sie ein Reich, das auf dem Höhepunkt seiner Macht eine Nord-Süd-Ausdehnung von nahezu 1000 Kilometern hatte und vom südlichen Ecuador bis nördlich von Lima reichte.

Politisches System

Die Zentralgewalt des Reichs lag in der Hauptstadt Chan Chan. Um die eroberten Regionen im Norden und Süden unter Kontrolle zu halten, wurden lokale Fürsten eingesetzt. Außerdem gab es „Beamte", die vor Ort die Verwaltung übernahmen. Das Reich von Chimor war damit das größte frühgeschichtliche Staatswesen Perus, bevor es von den Inka überrannt wurde.

Berichten der Inka und Spanier zufolge soll es bis zum Jahr 1470 elf Chimú-Könige gegeben haben, von denen jedoch bisher die wenigsten identifiziert beziehungsweise wissenschaftlich nachgewiesen werden konnten.

Wirtschaft

Ähnlich wie bei den Moche basierte die Wirtschaft der Chimú zu einem bedeutenden Teil auf der Landwirtschaft. Für den Anbau von Mais, Knollenfrüchten und anderen Felderzeugnissen legten sie wie ihre Vorgänger raffinierte Bewässerungssysteme an.

Daneben spielte der Fischfang eine, wenn auch untergeordnete Rolle: Nur etwa ein Füntel der tierischen Nahrungsmittel, die in der Hauptstadt Chan Chan konsumiert wurden, stammte aus dem Meer.

Das dritte wirtschaftliche Standbein bildete der Handel, der das Reich und vor allem seine Hauptstadt nicht nur mit Nahrungsmitteln versorgte, sondern auch mit Luxusgütern für die Elite.

Architektur

Im Gegensatz zur hoch aufstrebenden Architektur der Moche bevorzugten die Chimú eine flächig ausgedehnte Bauweise. Ihre Architektur erfüllte allerdings auch einen anderen Zweck: Denn während die Moche-Pyramiden als Zeremonialzentren errichtet wurden, dienten die Chimú-Paläste zur Durchsetzung der herrschaftlichen Gewalt und zu administrativen Zwecken. Das einfache Volk war durch Mauern vom königlichen Machtzentrum getrennt (siehe Abbildung rechts) und hatte keinen Einblick in die Vorgänge, die sich dort abspielten.

Kunsthandwerk

Die Metallurgie der Chimú erreichte ein bis dahin unübertroffenes Niveau. Dabei entwickelten die Chimú die Techniken ihrer Vorgänger, der Moche und Sicán, weiter. Neben Gold bearbeiteten sie Silber, Bronze, Arsen und Kupfer, das sie für Legierungen mit Gold verwendeten. Als die Inka das Reich von Chimor eroberten, machten sie sich die Kunstfertigkeit der Chimú zunutze und holten die besten Goldschmiede nach Cusco. Ein Großteil der Chimú-Kunstobjekte wurde jedoch später von den spanischen Konquistadoren eingeschmolzen und das Gold nach Europa geschafft.

Weitaus begehrter als Gold war für die Chimú (ebenso wie für ihre Vorgänger) die Spondylusmuschel, die man für

Einlegearbeiten und Ornamente verwendete. Sie taucht auch als Motiv in vielen Kunstwerken auf.

Für die Herstellung ihrer edlen Keramikgefäße verwendeten die Chimú Gießformen, die aus kleineren Komponenten zusammengesetzt waren. Die charakteristische dunkle Farbe der Keramiken entstand dabei im Ofen, der gegen Ende des Brennvorgangs fest verschlossen wurde, um die Sauerstoffzufuhr zu verhindern.

Nicht zuletzt fertigten die Chimú prachtvolle Textilien an, wofür sie hauptsächlich Baumwolle, aber auch Alpaka- und Vicunjawolle verwendeten.

Das Ende des Königreichs von Chimor

Um das Jahr 1472 eroberte der Inkaherrscher Topa Inca Yupanqui nach jahrelanger Belagerung die Hauptstadt Chan Chan. Bis zu diesem Zeitpunkt hatte Minchancaman, der letzte Herrscher von Chimor, erbitterten Widerstand geleistet. Erst als Topa Inca Yupanqui damit begann, die Bewässerungssysteme vor den Toren von Chan Chan zu zerstören, um auf diese Weise die Hauptstadt auszutrocknen, ergab sich Minchancaman. Die Inka plünderten die Chimú-Metropole, zerstörten sie aber nicht. Minchacaman wurde mit seiner Familie gefangengenommen und nach Cusco gebracht. Seine Söhne kehrten Jahre später als gefügige Inkastatthalter an die Küste zurück.

Chan Chan war zu dieser Zeit längst ausgestorben. Die Bevölkerung hatte die Stadt nach der Eroberung verlassen. Als die Spanier 1533 in der Gegend eintrafen, fanden sie einen menschenleeren Ort vor – was sie nicht daran hinderte, sofort nach verborgenen Schätzen zu suchen. Mit Erfolg: Unter den riesigen Schätzen, die sie aushoben, soll sich ein goldener, mit Perlen verzierter Sessel befunden haben. Offenkundig waren die Inka bei der Plünderung der Stadt nicht gründlich genug vorgegangen.

Die Hauptstadt Chan Chan

Mit dem Bau von Chan Chan wurde bereits um 900 begonnen. Im Lauf der Jahrhunderte wuchs die Anlage auf eine Größe von 20 Quadratkilometern an und soll im 14. und 15. Jahrhundert mindestens 60.000 (manche Quellen sprechen sogar von 100.000) Menschen beherbergt haben. Die meisten von ihnen lebten in kleinen Häusern, in denen neben Schlaf- und Wohnräumen häufig auch eine Werkstätte zu finden war. Man kann demnach davon ausgehen, dass viele Bewohner Chan Chans Handwerker waren.

Residenzen und Mausoleen

Der ehemalige Stadtkern erstreckte sich über ein Areal von sechs Quadratkilometern und bestand im Wesentlichen aus zehn ummauerten und in sich abgeschlossenen Komplexen, den sogenannten *Ciudadelas* (Zitadellen). Sie hatten unterschiedliche Größen (zwischen 88.000 und 220.000 Quad-

ratmeter), waren jedoch alle nach dem gleiche Muster angelegt: Jede *Ciudadela* bestand aus einem Palast mit Haupt- und Nebengebäuden, Plätzen und Tempeln und hatte eine eigene Wasserversorgung mit großen, begehbaren Brunnen. Unter den kleineren Räumen der Anlage sind vor allem die sogenannten *Audiencias* (Audienzräume) zu erwähnen, in denen vermutlich die königlichen Verwalter lebten. Möglicherweise wurden diese Räume auch als Bestattungsplätze genutzt. Etwas abseits von ihnen lagen weitere Kammern, die als Lagerräume für Luxusgüter (Spondylusmuscheln, Metall, Textilien) gedient haben könnten.

Die Tatsache, dass die einzelnen Zitadellen zeitlich nacheinander und räumlich nebeneinander entstanden, deutet darauf hin, dass sie als Residenzen und als Mausoleen der Könige dienten. Das heißt, nach dem Tod eines Königs ließ sich der Nachfolger im angrenzenden Areal eine neue Residenz errichten, während die des Vorgängers als Mausoleum für die Nachwelt erhalten blieb.

Die Tschudi-Zitadelle

Alle Zitadellen wurden nach ihren Entdeckern beziehungsweise nach bekannten Forschern benannt. Eine davon ist die Tschudi-Zitadelle (auch bekannt als Palacio Nik An), die den Namen des Schweizer Forschers Johann Jakob von Tschudi (1818–1889) trägt. Sie ist für Touristen zugänglich und vermittelt eine gute Vorstellung davon, wie die einzelnen *Ciudadelas* angelegt waren.

Über den Eingang auf der Nordseite gelangt man zunächst auf den großen Platz, dessen Seitenwände mit Wellenmustern und Tierdarstellungen verziert sind. Man vermutet, dass es sich bei den Tieren um Eichhörnchen, vielleicht auch um Nutrias, handelt. Vom großen Platz aus betritt man über einen Seitenausgang einen schmalen Gang mit ebenfalls verzierten Wänden, der zu den ehemaligen Küchen und Werkstätten führt. Als Nächstes gelangt man zu den *Audiencias* und den dahinter liegenden Lagerräumen.

Im Zentrum der Zitadelle befindet sich der Zeremonialplatz. Seine Innenwände sind mit geometrischen Figuren und Tierdarstellungen (Fischen, Pelikanen) geschmückt. Ein Gang mit ähnlichen Motiven führt von hier zum Tempelbereich. Über eine Rampe gelangt man zu einem weiteren Zeremonialplatz, an den sich eine Zisterne anschließt.

Viele Adobenmauern der Tschudi-Zitadelle (ebenso wie der anderen Zitadellen) sind als durchbrochene Rauten gestaltet, die als Fischernetze gedeutet werden können. Weitere häufig wiederkehrende Motive sind Vögel, außerdem die bereits erwähnten Fische und Wellenmuster. Erwähnenswert sind nicht zuletzt die waffentragenden Wächterfiguren aus Holz, die in jeder Anlage gefunden wurden (siehe Abbildung auf der vorherigen Seite).

Gefährdetes Welterbe
Seit 1986 besitzt die Lehmziegelstadt Chan Chan den Status eines Welterbes, wobei von ihrer einstigen Pracht nur noch ein Teil zu sehen ist. Der Verfall der einstigen Chimú-Metropole scheint unaufhaltsam. Die am stärksten gefährdeten Mauern, die zur Meeresseite hin liegen, wurden zwar mit einer Masse aus Sand und Silikon abgedeckt und ein Teil der Zitadellen unter Schutzdächer gestellt. Dennoch werden sich schwere Schäden, wie sie Erdbeben und das Wetterphänomen El Niño schon mehrmals angerichtet haben, wohl auch in Zukunft kaum vermeiden lassen.

Huaca Arco Iris

Die Tempelpyramide Huaca Arco Iris (Tempel des Regenbogens), auch Huaca del Dragón (Tempel des Drachens) genannt, liegt in La Esperanza, fünf Kilometer nördlich von Trujillo an der Straße nach Chiclayo. Die zweistufige Pyramide hat eine Grundfläche von etwa 3000 Quadratmetern und kann über eine Rampe bestiegen werden.

Die Adobenmauern des einstigen Zeremonialzentrums sind mit eindrucksvollen Reliefs verziert, die größtenteils sehr gut erhalten sind. Unter den Motiven findet man stilisierte Darstellungen von Regenbogen und Drachen (siehe Abbildung links), die der Pyramide ihre Namen gaben, sowie Vögel, Raubkatzen und tanzende Krieger.

Die Festung Paramonga

Den südlichsten Punkt des Chimú-Imperiums bildete die Festung Paramonga, die 140 Kilometer nördlich von Lima über dem Fortaleza-Tal aufragt. Sie diente nach Meinung der Wissenschaftler dazu, die Südgrenze des Reichs zu sichern. Der 50 Meter hohe, wuchtige Lehmziegelbau wurde zwischen

1100 und 1400 als vierstufige Pyramide errichtet. Auf der obersten Ebene steht ein Tempel mit trapezförmigen Toren. Vom einstigen Mauerverputz aus Gips und Farben sind nur noch winzige Reste erhalten. Die Festung wurde im 15. Jahrhundert nach einer heftigen Schlacht von den Inka eingenommen und von ihnen weiter ausgebaut. Vor einigen Jahren wurde die Festung aufwendig restauriert und ist seitdem für Besucher zugänglich.

Informationen für Besucher

Chan Chan und Huaca del Dragón

Beide Ziele liegen nur wenige Kilometer von Trujillo entfernt und sind vom Stadtzentrum aus am besten mit dem Taxi oder Mototaxi, aber auch mit Bussen zu erreichen.

An der Straße nach Huanchaco, etwa zwei Kilometer von der Tschudi-Zitadelle entfernt, liegt das Museo de Sitio Chan Chan. Hier sind Grabungsobjekte des Areals ausgestellt.

Die Festung Paramonga

Ausgangspunkt für eine Fahrt nach Paramonga ist der Küstenort Barranca beziehungsweise der nördlich davon gelegene Ort Paravilca. Von hier fahren lokale Busse zur Festungsanlage. Aufgrund der geringen Entfernung bietet es sich aber auch an, ein Taxi zu nehmen.

Farbabbildungen auf den folgenden Seiten:

- *Adobenmauer mit Eichhörnchenmotiv*
- *Zeremonialplatz in der Tschudi-Zitadelle*
- *Überdachte Tschudi-Zitadelle*
- *Huaca Arco Iris*

4. Die Inka – Herrscher über ein riesiges Reich

Hoch in den Anden formierte sich um 1200 das Volk der Inka. Von ihrer Hauptstadt Cusco (übersetzt „Nabel der Welt“) aus eroberten die Inka im 15. und 16. Jahrhundert ausgedehnte Gebiete, die sich vom heutigen Kolumbien bis nach Chile erstreckten. Als die Spanier 1532 an der Westküste Perus landeten, war das Reich der Inka das größte auf der gesamten südlichen Halbkugel.

Geschichte und Kultur der Inka

Über die genaue Herkunft der Inka gibt es keine gesicherten Erkenntnisse. Einer Legende zufolge soll Manco Capac, der Sohn des Sonnengottes Inti, um 1250 die Stadt Cusco gegründet haben. Viel realistischer ist jedoch die Annahme, dass das Volk der Inka aus mehreren kleineren Hochlandstämmen hervorging.

Die Zeit der Eroberungen

Erste Voraussetzungen für die Ausweitung des Herrschaftsgebiets schuf Viracocha, der den Namen des Schöpfergottes trug. Um 1400 unterwarf er die Nachbarvölker und festigte so die Macht in der Region um Cusco. Anschließend führte er einen ersten Eroberungsfeldzug und dehnte damit die Grenzen des Reichs um jeweils etwa 500 Kilometer in nordwestliche und südöstliche Richtung aus.

Unter der Herrschaft von Viracochas Sohn Pachacútec Yupanqui stießen die Inka um 1470 zur Küste vor und eroberten das Reich der Chimú. Das neu hinzugekommene Herrschaftsgebiet erstreckte sich vom heutigen Quito bis nach Lima.

Um 1500 kamen weite Gebiete im Süden hinzu. Die Inka beherrschten nun eine Region, die sich entlang der Anden bis an die Grenzen Patagoniens erstreckte.

Zuletzt drangen die Inka von den Osthängen der Anden noch weiter in das Becken des Amazonas vor.

Die Ausdehnung des Reichs in alle vier Himmelsrichtungen war damit vollendet. Die vier Hauptstraßen, die aus Cusco hinausführten, unterteilten das Reich nun in vier Regionen, die *Collasuyu*, *Chinchaysuyu*, *Antisuyu* und *Contisuyu* genannt wurden. Alle vier Teilgebiete zusammen bezeichnete man als *Tahuantinsuyu*, die „vier vereinigten Gebiete".

Die Expansionspolitik der Inka hatte vor allem wirtschaftliche Gründe. Im Süden gab es große Lama- und Alpakaherden, die man für Transporte und als Lieferanten von Fleisch und Wolle benötigte. Aus dem Osten bezog man Salz, Knollenfrüchte und andere Nahrungsmittel. Im Norden winkten vor allem große Goldvorräte, die zusammen mit den begehrten Spondylusmuscheln und den Schneckenhörnern der Pazifikküste die Schätze des Reichs bildeten.

Straßennetz

Um ihr wachsendes Reich zusammenzuhalten, legten die Inka ein ausgedehntes Straßennetz an, dessen Gesamtlänge einschießlich aller Querverbindungen auf rund 22.000 Kilometer geschätzt wird. Der äußerste Norden und der äußerste Süden des Reichs waren durch zwei Hauptstraßen miteinander verbunden: Eine davon verlief entlang der Küste, die andere im Hochland. Über das gesamte Straßennetz verteilt, gab es in Abständen von 25 bis 30 Kilometern immer wieder eine Raststätte (*Tambo*), in der sich die Reisenden ausruhen konnten.

Dabei dienten die Straßen nicht nur dem Transport von Waren, sondern auch der Nachrichtenübermittlung. Dies war die Aufgabe von jungen Staffettenläufern, den sogenannten

Chasquis. In den eigens dafür errichteten Wartehäuschen (*Chasquihuasi*) standen sie bereit, um eine Nachricht in Empfang zu nehmen und sie im Laufschritt zum nächsten Posten zu befördern, der sich, je nach Beschaffenheit des Geländes, drei bis acht Kilometer entfernt befand. Auf diese Weise konnte eine Nachricht – die meist aus einem *Quipu*, einer Art Schriftsystem in einer Knotenschnur, bestand – innerhalb von fünf Tagen vom äußersten Norden des Reichs bis nach Cusco gelangen.

Gesellschaftsstruktur

Die Gesellschaftsstruktur war streng hierarchisch angelegt. Dabei bestand die oberste Schicht ausschließlich aus Blutsverwandten der Inka (die Bezeichnung *Inca* bedeutet „oberster Herrscher", war also ursprünglich allein den Angehörigen der obersten Schicht vorbehalten). Auch jedem der vier Reichsteile stand ein Inka-Verwandter vor. Es folgten die Beamten, dann – eine Stufe tiefer – die Bauern, Hirten und Fischer und das übrige einfache Volk. Die beiden untersten Schichten bildeten die Diener und Sklaven sowie die Bettler und Invaliden.

Ebenso wie in anderen Anden-Kulturen galt auch bei den Inka das Prinzip der Gegenseitigkeit. Es betraf alle Gesellschaftsschichten, auch die Adeligen waren davon nicht ausgenommen. Man half einander bei der Arbeit und wer Unterstützung erhielt, gab diese Hilfe in Form von Arbeit oder Geschenken zurück.

Wirtschaft

Die wirtschaftliche Grundlage der Inka bildete die Landwirtschaft. Die Bauern wussten die natürlichen Gegebenheiten ihrer Umgebung hervorragend zu nutzen. Trockenes Land verwandelten sie durch künstliche Bewässerung in fruchtbare Felder. An den Berghängen legten sie Terrassen an und bepflanzten sie mit Mais, Kartoffeln, Bohnen, Kürbissen und anderen Feldfrüchten. Viele dieser Terrassen sind bis heute erhalten und werden noch immer genutzt.

Generell kann man es als großartige Leistung ansehen, dass die Inka nachweislich in der Lage waren, eine Region zu bewirtschaften, die nahezu alle Klimazonen der Welt in sich vereint. Diese Tatsache ist wiederum zu einem bedeutenden Teil dem vorherrschenden Prinzip der gegenseitigen Hilfe zu verdanken.

Religion

Die Religion der Inka kannte mindestens neun Gottheiten, an deren Spitze der Sonnengott Inti und der Schöpfergott Viracocha standen. Da die Inka den von ihnen unterworfenen Völkern erlaubten, ihre Religion zu behalten, erweiterte sich ihr Götterhimmel auf diese Weise ständig. Neben den „himmlischen" Gottheiten gab es außerdem eine Vielzahl übernatürlicher Wesen, die Naturelementen und bestimmten Orten (wie Höhlen oder Wasserfällen) zugeordnet wurden. Nicht nur für die Inka, sondern auch für viele, meist ältere

Andenkulturen, hatte *Pachamama*, die „Große Erdmutter", dabei eine besondere Bedeutung.

Zahlreiche religiöse Feste und Rituale bestimmten den Jahreslauf, wobei das wichtigste Ritual zu Beginn der Regenzeit abgehalten wurde. Als ausgezeichnete Astronomen legten die Inka auch einen sehr präzisen Agrar- und Zeremonialkalender an und errichteten an jedem bedeutenden Ort einen Sonnenstein; mithilfe dieses *Intihuatana* (übersetzt etwa: „der Ort, an dem die Sonne festgebunden wird") waren sie in der Lage, den Sonnenstand zu ermitteln (siehe Abbildung links unten).

Die Hauptstadt Cusco

Wie Cusco, die Hauptstadt der Inka, ursprünglich aussah, lässt sich heute kaum noch rekonstruieren. Die Spanier hatten die Stadt nach ihrer Ankunft verwüstet beziehungsweise Paläste und Tempel für ihre eigenen Zwecke benutzt. Außerdem verursachte ein Erdbeben im Jahr 1650 große Schäden.

In der Zeit der Inkaherrschaft bestand die Stadt, deren Grundriss angeblich die Konturen eines Pumas hatte, jedenfalls hauptsächlich aus den Palästen der Herrscher und ihrer Angehörigen. Außerdem gab es Tempel, Versammlungsplätze und Wohnhäuser von Bediensteten. Schätzungen zufolge hatte die Kernstadt bis zu 20.000 Einwohner. In der näheren Umgebung sollen weitere 50.000 bis 100.000 Menschen gelebt haben.

Coricancha

Der Sonnentempel Coricancha (auch Qoricancha geschrieben; übersetzt "Goldenes Haus") war das Haupttheiligtum der Inkakultur. Heute ist davon nur noch ein Teil der Grundmauern erhalten. Die Spanier hatten nach ihrer Ankunft den Tempel zunächst als Steinbruch verwendet, später errichteten sie darüber die Kirche Santo Domingo.

Ursprünglich war der Coricancha ein Gebäudekomplex, zu dem nicht nur der Sonnentempel, sondern weitere Gebäude und Innenhöfe gehörten. Berichten des spanischen Chronisten Garcilaso de la Vega zufolge war der Sonnentempel in seinem Inneren mit 700 Goldplatten ausgekleidet und mit unzähligen Edelsteinen besetzt. In einem anderen Raum, der der Mondgöttin gewidmet war, waren alle Wände mit Silber bedeckt. Die Wandreste des Sonnen- und Mondtempels können im Innern der Kirche Santo Domingo besichtigt werden. Faszinierend ist vor allem die Passgenauigkeit, mit der die großen Steinblöcke der Wände aneinandergefügt wurden und die von einer überragenden Baukunst zeugt.

In weiteren Räumen des Gebäudekomplexes wurden die Götter der Plejaden und des Regenbogens sowie andere Gottheiten verehrt. So gesehen ist die Bezeichnung Sonnentempel irreführend, die die Spanier dem Tempelkomplex gaben, da die Tempelanlage nicht nur dem Sonnengott Inti, sondern vielen weiteren Gottheiten geweiht war.

In einem der Innenhöfe des Tempelbezirks befand sich ein heiliger Garten, der mit goldenen und silbernen Nachbildungen von Menschen, Tieren und Pflanzen geschmückt war. So berichtet der Chronist Pedro Cieza de León zum Beispiel von zwanzig goldenen Lamas, die von lebensgroßen Hirten gehütet wurden, und von Maispflanzen mit goldenen Stengeln, Blättern und Kolben.

In einem anderen Innenhof stand ein mit Goldplatten verkleideter Steinblock. Auf ihm postierte man jeden Morgen das Sonnenidol, das eine männliche Gestalt gehabt haben soll (im Gegensatz zum Mondidol, dem eine Frauenfigur zugeordnet wurde). Zeitweise wurden im Coricancha auch Mumien hochrangiger Inka aufbewahrt, die kostbare Gewänder und wertvollen Schmuck trugen. Für ihre Pflege waren die Dienerinnen des höchsten Inka zuständig.

Sacsayhuamán

Über der Stadt Cusco thront die mächtige Felsenfestung Sacsayhuamán (siehe Abbildung unten), die vermutlich der neunte Inkaherrscher Pachacútec als Kopf des angeblich pumaförmigen Grundrisses der Stadt errichten ließ.

Der Befestigungswall bestand aus drei hintereinander liegenden, in Zickzack-Linien verlaufenden Steinmauern. Die riesigen Steinblöcke, von denen die größten an die 200 Tonnen wiegen, weisen unterschiedliche Formen auf und sind ohne Mörtel äußerst präzise aneinandergefügt. Wie die Zehntausenden von Arbeitern, die das Bauwerk in einem Zeitraum von mehr als 50 Jahren errichteten, die gigantischen Blöcke zur Baustelle transportieren konnten, ist bis heute nicht eindeutig geklärt.

Zu den Zickzack-Wällen gesellten sich zwei rechteckige Türme, die durch unterirdische Gänge miteinander verbunden waren, und ein runder, turmartiger Befehlsstand. Mehrere trapezförmige Tore, die bei Gefahr mit Steinblöcken verschlossen wurden, gewährten Zugang zur Festung. Von deren Inneren bietet sich den Besuchern eine phantastische Sicht über die Stadt Cusco. Allerdings ist von den Bauwerken im Inneren der Festung nichts erhalten geblieben. Die spanischen Eroberer rissen fast alle Mauern und Gebäude ab und verwendeten das Baumaterial für die Neuerrichtung der Stadt, die sie zuvor zerstört hatten (siehe Kapitel 5, Abschnitt „Die letzten Inkaherrscher").

Machu Picchu

Im Jahr 1911 wurde die Ruinenanlage Machu Picchu schlagartig in aller Welt berühmt. Damals machte sich eine Expedition der Yale University unter der Leitung des amerikanischen Historikers Hiram Bingham auf die Suche nach der geheimnisvollen Stadt Vilcabamba, dem letzten Rückzugsort der Inka (siehe Kapitel 5, Abschnitt „Die letzten Inkaherrscher"). Hirtenjungen, denen die Ruinenstätte wie allen Bewohnern der Umgebung bestens bekannt war, zeigten Bingham den Weg nach Machu Picchu. 1912 begann Bingham damit, die

Siedlung freizulegen, die von üppiger Vegetation überwuchert war, und führte erste Forschungen durch.

Der Landsitz des Inkaherrschers

Machu Picchu liegt in 2360 Meter Höhe auf einem Bergrücken zwischen den Gipfeln des namengebenden Berges Machu Picchu und des Hayna Picchu. Dank seiner versteckten Lage wurde der Ort von den spanischen Konquistadoren nie entdeckt und blieb über nahezu vier Jahrhunderte von Fremden unberührt.

Erbaut wurde die Stadt in der Mitte des 15. Jahrhunderts unter der Herrschaft des Inka Pachacútec Yupanqui. Über ihre Funktion wurde lange Zeit gerätselt. Einigen Wissenschaftlern galt sie als Zufluchtsstätte der Inka, andere deuteten sie als Wohn- und Kultort für Sonnenjungfrauen, weil man bei ihrer frühen Erforschung Gräber mit mehr als 100 überwiegend weiblichen Skeletten gefunden hatte. Heute stimmen die Wissenschaftlern jedoch mehrheitlich darin überein, dass Machu Picchu in erster Linie als Landsitz des Inkaherrschers Pachacútec und seiner Nachfolger diente.

Von oben betrachtet, lässt sich die Grundstruktur von Machu Picchu deutlich erkennen: Die Stätte unterteilt sich in einen Landwirtschafts- und einen Wohnsektor. Beide Sektoren waren einst von einer äußeren Mauer umgeben, an deren Zugangstor im Süden ein Wächterhäuschen errichtet wurde, das (mit rekonstruiertem Dach) noch heute steht.

In Machu Picchu existiert eine noch immer funktionsfähige Wasserversorgung sowie eine raffinierte Regenwasserableitung, die allerdings kaum sichtbar ist, weil sie größtenteils im Terrassenunterboden verborgen liegt.

Die Forschung geht davon aus, dass ungefähr 600 Personen ganzjährig in Machu Picchu lebten. Es handelte sich hauptsächlich um Bauern und Hirten, die das Land bewirtschafteten und die Lamas betreuten. Hinzu kamen Steinmetze und Ingenieure, die die Anlage warteten und sie ständig erweiterten. Zwischenzeitlich konnte die Zahl der Bewohner auf bis zu 2000 Menschen ansteigen, nämlich dann, wenn sich der Inka mit seinen Angehörigen und seinem Hofstaat auf dem Landsitz aufhielt.

Die Oberstadt

Der Wohnsektor von Machu Picchu wird durch einen großen Platz in einen oberen und unteren Bereich unterteilt. Im oberen Bereich befanden sich die Residenz des Inka und der Haupttempel.

Ein direkt neben dem Königspalast (*Incahuasi* = „Haus des Inka“) gelegener Brunnen lieferte dem Herrscher stets das beste und frischeste Wasser. Von diesem Brunnen führte eine Treppe nach unten, die von 16 weiteren Brunnen flankiert war, sodass der gesamte Wohnsektor ausreichend mit Wasser versorgt werden konnte. Die Brunnen waren dabei gezielt auf eine optimale Fließgeschwindigkeit des Wassers hin angelegt, dank derer sich eine Amphore in kürzester Zeit mit Wasser füllen ließ.

Auf einem Felsen gegenüber dem Königspalast ragt ein halbrundes, turmartiges Gebäude auf, das als Sonnentempel bezeichnet wird, weil es vermutlich eine vorwiegend religiöse Funktion hatte. Das mittlere Trapezfenster der Rundmauer ist exakt auf die Sonnenwende am 21. Juni hin ausgerich-

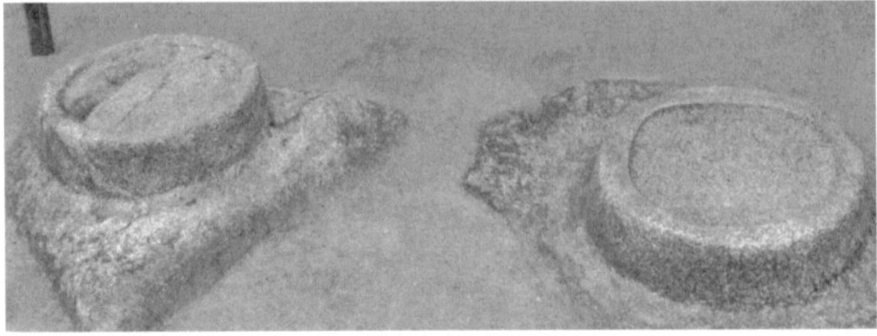

tet, was darauf hindeutet, dass das Gebäude auch als Observatorium diente. Eine aus dem Felsboden des Sonnentempels herausgearbeitete Skulptur wird als „Wasserspiegel“ gedeutet, durch den die Inka den Himmel betrachteten (siehe Abbildung links unten). Einen direkten Blick in den Himmel sollen sie aus Furcht vor den Göttern nicht gewagt haben.

Weitere bedeutende Gebäude der Oberstadt sind der Tempel der drei Fenster – ein dreiwändiger Raum, der aus riesigen Steinblöcken erbaut wurde –, der große Haupttempel und der sogenannte Palast der Prinzessin, der nach Ansicht des Entdeckers Hiram Bingham auch der Wohnsitz des Hohepriesters gewesen sein könnte.

Am höchsten Punkt der Oberstadt befindet sich der Sonnenstein *Intihuatana*, ein Felsblock mit einem aufragenden vierkantigen „Zeiger“, der wahrscheinlich wie eine Sonnenuhr funktionierte, nämlich als Schattenwerfer. Eventuell ließen sich mit dem Sonnenstein noch andere Beobachtungen anstellen, doch darüber liegen bisher keine näheren Erkenntnisse vor.

Die Unterstadt

Unterhalb des großen Platzes, auf dem ursprünglich ein Stein mit einer eingemeißelten Schlange gestanden sein soll, erstreckt sich die Unterstadt mit ihren zahlreichen Wohnhäusern. Im nördlichsten Teil der Unterstadt liegt das sogenannte Haus der Sonnenjungfrauen (*Acllahuasi*), ein vollständig ummauerter Gebäudekomplex. Ob es sich hierbei tatsächlich um den Wohnbereich der Sonnenjungfrauen handelte, ist bisher allerdings nicht geklärt.

Südlich davon schließt sich das benachbarte Handwerkerviertel Puka Marka an, wörtlich übersetzt „Rotes Viertel“. Vermutlich bezieht sich der Name auf die beiden Steinbecken, die sich hier befinden und die als Färberbecken gedeutet werden.

Am Fuß der Treppe, die von der Unterstadt nach oben zum Sonnentempel führt, befindet sich das sogenannte Labyrinth, die kleinste Häusergruppe der Stadt. Sie besteht aus nur acht Häusern, deren willkürliche Anordnung jedoch etwas verwirrend wirkt, was dem Viertel seinen Namen verschaffte. Hier findet man unter anderem den Tempel des Kondors mit dem namengebenden Kondorkopf, der am Boden in den Felsen gemeißelt ist (siehe Abbildung oben).

Das Heilige Tal

Das fruchtbare Urubamba-Tal, dem die Spanier den Namen „Heiliges Tal der Inka“ verliehen, diente den Inka als landwirtschaftliches Produktionszentrum und hat einige bemerkenswerte Kulturstätten zu bieten.

Ollantaytambo

Die Inkafestung Ollantaytambo wurde zwischen 1440 und 1530 auf einem Bergsporn errichtet. Sie hatte eine strategisch wichtige Bedeutung, da sie es den Inka ermöglichte, den Zugang zum Urubamba-Tal zu überwachen.

Im Inneren der Festung, die über steile Stufen und künstlich angelegte Terrassen zu erreichen ist, befand sich eine Tempelanlage, deren Fundament aus gigantischen Steinmonolithen bestand. Eine Wand, die aus solchen bis zu vier Meter hohen Monolithen besteht, ist bis heute erhalten geblieben. Der spanische Chronist Garcilaso de la Vega berichtet, dass in diesem Tempel die Eingeweide und Herzen der verstorbenen Herrscher aufbewahrt wurden.

Anders als bei den Monolithen, die durch vertikale Fugenleisten miteinander verbunden sind, wurden bei den übrigen Mauern die Steinblöcke in inkatypischer Weise passgenau ineinandergefügt. An vielen Stellen lässt sich nicht einmal eine Messerklinge zwischen die Fugen schieben – ein weiterer Beleg für die meisterhafte Baukunst der Inka.

Die Steine, die zum Bau der Festung verwendet wurden, stammten aus einem etwa sieben Kilometer entfernten Steinbruch. Dort spalteten die Arbeiter große Steinblöcke in kleinere und brachten sie in die gewünschte Form. Für den Transport zur Baustelle nutzte man dann die Regenzeit, weil sich die schweren Blöcke über glitschige Lehmrutschen leichter ins Tal befördern ließen. Der Weitertransport erfolgte mithilfe von Baumstämmen und Tragen.

Ollantaytambo war wie Machu Picchu ein Landsitz des Inka Pachacútec. Die damalige Siedlung, deren Überreste unterhalb der Festung am Rande der heutigen Ortschaft Ollantaytambo zu finden sind, diente wahrscheinlich auch als Raststätte (*Tambo*) für Reisende.

Maras und Moray

In der Nähe der kleinen Ortschaft Maras über dem Urubamba-Tal liegen ausgedehnte Salzterrassen, die schon zur Inkazeit in Gebrauch waren. Sie bestehen aus ungefähr 3000 Becken und sind noch heute in Betrieb.

Ebenfalls nur wenige Kilometer von Maras entfernt befinden sich die Terrassen von Moray, über deren Funktion lange Zeit gerätselt wurde. Vermutlich handelte es sich um eine landwirtschaftliche Versuchsanstalt der Inka, nach Ansicht einiger Wissenschaftler könnte die Anlage jedoch auch als Furchtbarkeitsheiligtum gedient haben. Ungewöhnlich ist vor allem die Form der Anlage, die an ein Amphitheater erinnert.

Pisac

Rund 40 Kilometer südöstlich der Stadt Urubamba liegt die Felsenfestung Pisac. Die Ruinen der Festung erstrecken sich über mehrere Quadratkilometer und sind wie andere Inkastätten in einen oberen und einen unteren Bereich aufgeteilt. Auch hier gibt es einen sakralen Bereich mit einem *Intihuatana* (Sonnenstein), mit dessen Hilfe die Inka den Lauf der Sonne beobachteten.

In der Felswand oberhalb der Anlage wurden mehrere tausend Inkagräber entdeckt, deren Schätze allerdings schon von Grabräubern (*Huaqueros*) geplündert worden waren, bevor sie wissenschaftlich ausgewertet werden konnten.

Unterhalb der Festung erstreckt sich eine der größten Terrassenanlagen aus der Inkazeit, deren Ausmaß nur von den ausgedehnten Terrassenfeldern im Colca-Tal nördlich von Arequipa übertroffen wird.

Informationen für Besucher

Cusco

Um die zahlreichen Sehenswürdigkeiten der Stadt und ihrer Umgebung zu besichtigen, benötigt man in vielen Fällen das *Boleto Turístico*, ein Mehrfachticket, das für 16 Museen und Ruinenstätten der Inka gilt. Es besteht auch die Möglichkeit, eines von drei verfügbaren Teiltickets zu erwerben. Erhältlich sind die Tickets an den Eingängen der Sehenswürdigkeiten oder im Büro von COSITUC in der Av. Sol 103 in Cusco. Der Coricancha gehört allerdings nicht zu den Sehenswürdigkeiten, für die das *Boleto Turístico* gültig ist. Dafür ist der Kauf eines Einzeltickets nötig.

Sacsayhuamán

Der Aufstieg zur Felsenfestung Sacsayhuamán oberhalb von Cusco dauert vom Stadtzentrum aus, je nach genauem Ausgangspunkt, zwischen 30 und 60 Minuten. Der Eintritt ist im *Boleto Turístico* inbegriffen. Als besonderes Ereignis gilt das Fest der Wintersonnenwende *Inti Raymi*, das am 24. Juni in den Mauern dieser Anlage gefeiert wird. Zehntausende von Besuchern finden sich alljährlich dazu ein. Bei dem gigantischen Spektakel treten Hunderte von Laiendarstellern auf, um für einen Tag die Welt der Inka wiedererstehen zu lassen.

Der Inkatrail

Auf einem Teilstück des riesigen Straßennetzes zu wandern, das einst das Reich der Inka durchzog, ist für viele Peru-Reisende ein ersehnter Traum. So gehört der Inkatrail, der nach Machu Picchu führt, seit langem zu den beliebtesten Trekking-Routen Südamerikas. Rund 45 Kilometer lang ist die Wegstrecke, die für den Tourismus erschlossen wurde. Eine Wanderung über die gesamte Distanz dauert vier volle Tage. Sie beginnt und endet auf etwa 2400 Meter Höhe und überquert drei Pässe von 4200, 3900 und 3650 Meter Höhe. Alternativ kann man auch eine Ein- oder Zwei-Tages-Tour buchen, die jeweils an einer späteren Etappe beginnt. Eine gute Kondition, ausreichende Höhenanpassung und Schwindelfreiheit sind in jedem Fall erforderlich.

Wichtig zu wissen: Der Inkatrail ist oft auf Monate im Voraus ausgebucht, eine Wanderung sollte daher möglichst frühzeitig geplant werden. Denn der Pfad darf nur im Rahmen einer geführten Gruppenwanderung betreten werden, wobei die Zahl der Touristen pro Tag begrenzt ist. Dies soll der Erhaltung der teilweise noch ursprünglichen Wege dienen und Umweltprobleme, insbesondere durch Müll, eingrenzen. Jedes Jahr im Februar ist der Inkatrail außerdem wegen Instandhaltungsarbeiten komplett geschlossen.

Machu Picchu

Ähnliches wie für den Inkatrail gilt für die Ruinenstätte Machu Picchu, die seit 1983 zum Weltkulturerbe der UNESCO zählt: Die Eintrittskarten sollten möglichst frühzeitig gebucht werden, denn am Eingang der Kulturstätte werden in der Regel keine Tickets verkauft. Außerdem ist die Besucherzahl strikt auf 2500 Personen pro Tag begrenzt. Vor allem in der Hauptsaison zwischen Juli und September ist der Andrang auf die verfügbaren Eintrittskarten daher enorm.

Noch schwieriger ist es, ein Ticket für den Aufstieg auf den Huayna Picchu zu bekommen, von dessen Gipfel aus man einen atemberaubenden Blick auf die Ruinenstätte hat. Nur 400 Besucher pro Tag werden zugelassen. Den Aufstieg über die steilen, bei Regen sehr rutschigen Stufen sollte allerdings nur wagen, wer absolut schwindelfrei ist.

Ausgangspunkt für einen Besuch der Ruinenstätte Machu Picchu ist die Ortschaft Aguas Calientes, die 75 Kilometer nordwestlich von Cusco liegt. Um von Cusco aus dorthin zu gelangen, nimmt man zunächst den Bus bis Ollantaytambo und steigt dann in den Zug um. Von Aguas Calientes verkehren täglich zwischen 6 Uhr morgens und spätnachmittags Shuttle-Busse, die die Besucher nach Machu Picchu und zurück transportieren. Wer frühzeitig losfährt, kann die Ruinenstätte noch relativ ungestört erkunden. Je später die Tageszeit, desto größer wird der Andrang der Besucher.

Das Heilige Tal

Auf dem Rückweg von Machu Picchu nach Ollantaytambo ist man erneut auf den Zug angewiesen, da es auf dieser Strecke keine Autostraßen gibt. Für die Weiterfahrt nach Urubamba und Pisac empfiehlt es sich, den Bus oder ein Sammeltaxi (*Colectivo*) zu nehmen. Beide Möglichkeiten sind sehr kostengünstig. Wer dagegen ein normales Taxi in Anspruch nehmen will, muss mit relativ hohen Kosten rechnen. Leider gibt es für eine Fahrt von Urubamba ins 20 Kilometer entfernte Maras beziehungsweise Moray kaum eine andere Möglichkeit, als ein Taxi zu benutzen.

Der Eintritt zu den Ruinen von Ollantaytambo, zu den Terrassen von Moray und zur Felsenfestung Pisac ist im *Boleto Turístico* (siehe oben, Abschnitt „Cusco“) enthalten.

Weitere Sehenswürdigkeiten

Da sich das Inkareich einst vom heutigen Quito bis an die Grenze Patagoniens erstreckte, sind an vielen Orten innerhalb dieses riesigen Gebietes Überreste von Kulturstätten der Inka und der von ihnen eroberten Vorgängerkulturen zu finden. Im Folgenden seien nur drei Beispiele genannt, die sich alle in Südperu befinden.

Ein lohnenswertes Ziel sind die Ruinen von Raqchi (siehe Abbildung unten), die etwa 120 Kilometer südöstlich von

Cusco liegen. Hier kann man unter anderem bis zu zwölf Meter hohe Mauern bestaunen, die – nicht gerade typisch für die Bauweise der Inka – aus Lehmziegeln errichtet wurden und zum sogenannten Tempel des Viracocha gehörten. Außerdem sind in Raqchi rekonstruierte Speichertürme zu besichtigen, die einst mit Mais, Quinoa und anderen Felderzeugnissen gefüllt waren.

Tambo Colorado, rund 50 Kilometer östlich von Pisco gelegen, wurde vermutlich gegen Ende des 15. Jahrhunderts unter dem Inka Pachacútec errichtet und diente als kleines Wirtschafts- und Verwaltungszentrum sowie als Raststätte (*Tambo*) für Reisende.

Der Tempelkomplex Pachacamac, der etwa 30 Kilometer südöstlich der peruanischen Hauptstadt Lima liegt, gehörte zu den wichtigsten Pilgerstätten im Alten Peru und ist der Huari-Kultur zuzuordnen. Als die Inka viele Jahrhunderte später den Ort eroberten, fügten sie den bereits vorhandenen Bauten eigene Elemente hinzu, mit denen sie ihre Vorherrschaft demonstrierten.

Farbabbildungen auf den folgenden Seiten:

- *Machu Picchu und der Huayna Picchu*
- *Steinmauer in Ollantaytambo*
- *Die Terrassen von Moray*
- *Der Befestigungswall von Sacsayhuamán*

5. Die Ankunft der Spanier

Günstiger hätte der Zeitpunkt für den spanischen Eroberer Francisco Pizarro nicht sein können: Als er 1532 in der Nähe der heutigen Küstenstadt Tumbes in Nordperu seinen Fuß an Land setzte, befand sich das mächtige Inkareich mitten in einem Erbfolgekrieg.

Nachdem der elfte Inkaherrscher Huayna Capac 1525 gestorben war, wurde das Reich zwischen seinen Söhnen Atahualpa und Huáscar aufgeteilt. Jeder der Halbbrüder beanspruchte jedoch die Vorherrschaft für sich, sodass es zum Krieg kam. Zunächst setzte sich Huáscar durch, doch 1532 gelang es Atahualpa, die Macht an sich zu reißen. Er ließ seinen Bruder gefangennehmen und wies seine Generäle an, Cusco zu plündern und die Bevölkerung für ihre Treue zu Huáscar zu bestrafen. Noch ahnte er nicht, dass auch die Tage seiner Herrschaft gezählt waren.

Atahualpas Ende

Mit einer Truppe von etwa 160 Männern, 60 Pferden und Geschützen traf Francisco Pizarro am 15. November 1532 in Cajamarca ein, wo sich Atahualpa zu diesem Zeitpunkt aufhielt. Schon am Nachmittag des folgenden Tages standen sich Spanier und Inka Auge in Auge gegenüber. Es kam zur entscheidenden Schlacht, die für die Spanier unvorstellbar günstig ausging: Unter Atahualpas Gefolgsleuten gab es mehrere Tausend Tote, auf spanischer Seite keinen einzigen. Dabei spielte der Einsatz von Feuerwaffen und Pferden eine bedeutende Rolle, denn beides war den Inka unbekannt, sodass sie sich mit ihren Schleudern den Spaniern hilflos ausgeliefert sahen. In diesem Kampfgetümmel war es für die Spanier ein Leichtes, Atahualpa gefangenzunehmen.

Sehr schnell erkannte Atahualpa, worauf es die Spanier am meisten abgesehen hatten: auf Gold. Aus Angst, sein gefangener Bruder könnte den Spaniern mehr Gold bieten als er, ließ er diesen aus seinem Gefängnis in Cusco entführen und im Fluss Andamarca ertränken.

Als Nächstes bot er Pizarro an, als Lösegeld für seine Freilassung ganze Räume mit Gold und Silber füllen zu lassen. Tatsächlich trafen in den folgenden Monaten ungeheure Schätze in Cajamarca ein. Die Spanier schmolzen das Edelmetall ein, verteilten einen Teil untereinander und schickten den Rest nach Spanien.

Im Juni 1533 war das Lösegeld erbracht, doch Atahualpa befand sich noch immer in den Händen der Spanier. Allmählich begann seine Hoffnung auf die versprochene Freilassung zu schwinden. Heimlich schickte er Nachricht an seine Gefolgsleute und erteilte ihnen den Befehl, ihn aus der Gefangenschaft zu befreien. Als die Spanier Wind davon bekamen, dass ein Heer aufgestellt worden sei, um nach Cajamarca zu marschieren, verurteilten sie den Inkaherrscher zum Tod auf dem Scheiterhaufen.

Der Chronist Celso Gargia schildert, wie Atahualpa im August 1533 zum Richtplatz geführt wurde: „Neben ihm ging Pater Vicente de Valverde, beständig bemüht, ihn zu trösten und ihn in seiner letzten Stunde dazu zu bewegen, dass er den wahren Glauben annahm. Als Atahualpa an den Pfahl gebunden worden war, den die Holzbündel umgaben, die entzündet werden sollten, kniete Valverde nieder und hielt dem zum Tode Verurteilten das Kreuz entgegen.“ (Grün, Evamaria: Die Entdeckung von Peru 1526–1712, Edition Erdmann, 1996, Seite 64).

Tatsächlich ließ sich Atahualpa noch im letzten Augenblick dazu bewegen, den christlichen Glauben anzunehmen. Doch das rettete ihn nicht vor dem Tod. Man gewährte ihm lediglich eine „mildere" Hinrichtungsart: Er wurde mit der Garotte erdrosselt.

Die letzten Inkaherrscher

Zum neuen Herrscher von Pizarros Gnaden ernannten die Spanier Tupac Huallpa, einen weiteren Sohn des Inka Huayna Capac. Doch er starb kurze Zeit später auf dem Weg nach Cusco.

Im November 1533 rückte das spanische Heer in drei Abteilungen in die Stadt Cusco ein. Als nächsten Marionetten-Herrscher ernannten sie Inka Manco.

Doch ihm gelang es einige Jahre später überraschend, noch einmal den Widerstand der Inka gegen die Eroberer anzufachen. Mit einem Heer von 100.000 Mann belagerte er monatelang die Spanier in Cusco. Schließlich besiegten die Konquistadoren das Inkaheer bei der Entscheidungsschlacht in der Tempelfestung Sacsayhuamán. Die Stadt Cusco brannte bis auf die Grundmauern nieder.

Nach der Niederlage führte Inka Manco seine Gefolgsleute in den Urwald, wo sie die letzte Stadt der Inka, Vilcabamba, errichteten, von der aus sie immer wieder Angriffe gegen die Spanier starteten. Nach Inka Manco regierten noch drei seiner Söhne.

1572 rückten die Spanier schließlich auch gegen diese letzte Zufluchtsstätte der Inka vor. Es gelang ihnen, den letzten Inkaherrscher Túpac Amarú festzunehmen. Nach einem Prozess in Cusco wurde er auf dem Hauptplatz der Stadt enthauptet, sein Kopf wurde auf einem Pfeiler ausgestellt. Die Herrschaft der Inka war damit beendet.

Túpac Amarú II

1780 zettelte der 42-jährige José Gabriel Condorcanqui noch einmal einen Aufstand gegen die Spanier und die Ungerechtigkeiten ihres Kolonialsystems an. Der Sohn eines Spaniers und einer Indigenen erklärte sich zum Erben des Inkareichs und gab sich den Namen Túpac Amarú II, zu Ehren des letzten Inkaherrschers, von dem er abzustammen behauptete. Mit einer Armee aus Einheimischen und Gegnern des Kolonialsystems gelang es ihm, Cusco zu erobern. Erst nach monatelanger Belagerung der Stadt siegten die Spanier und übten grausame Vergeltung: Auf der Plaza de Armas in Cusco wurde Túpac Amarú II vor den Augen der Bevölkerung gevierteilt.

Zeittafel

Die nachfolgenden Daten zum Aufstieg und Untergang der Kulturen des Alten Peru sind nur als Annäherung zu verstehen; sie weichen in den verschiedenen Quellen zum Teil wesentlich voneinander ab.

ca. 100–1550	Die Chachapoya siedeln in der Region des Río Utcabamba, bis sie von den Inka und anschließend von den Spaniern erobert werden.
ca. 100–750	Die Moche errichten entlang der Pazifikküste ein Reich, das in seiner Blütezeit eine Nord-Süd-Ausdehnung von 700 Kilometern hat.
ca. 900–1100	Die Lambayeque (Sicán) treten im Lambayeque- und La-Leche-Tal die Nachfolge der Moche-Kultur an.
ca. 900-1472	Die Chimú errichten das größte präinkaische Reich mit einer Nord-Süd-Ausdehnung von annähernd 1000 Kilometern.
ca. 1200-1532	Die Inka erobern von Cusco aus ein Reich, das von Quito bis an die Nordgrenze Patagoniens reicht.

1532	Die spanischen Eroberer landen unter Francisco Pizarro an der peruanischen Küste.
1533	Der gefangene Inkaherrscher Atahualpa wird von den Spaniern in Cajamarca hingerichtet.
1536	Der Aufstand der Inka unter Manco Inca und die Belagerung von Cusco enden mit einer Niederlage.
1572	Der letzte Inkaherrscher Túpac Amarú wird von den Spaniern in Cusco hingerichtet.
1780–1781	José Gabriel Condorcanqui, genannt Túpac Amarú II, erobert Cusco. Nach seiner Niederlage wird er von den Spaniern hingerichtet.

Glossar

Acllahuasi
Haus der Sonnenjungfrauen

Antisuyu
Östliches Teilgebiet des Inkareichs

Audiencia
„Audienzraum“ – Residenz eines königlichen Verwalters in der Chimú-Hauptstadt Chan Chan

Ayllu
(Groß-)Familie oder Dorfgemeinschaft

Chasqui
Laufbote der Inka

Chasquihuasi
Wartehäuschen der Boten, die auf den Inkastraßen als Stafettenläufer eingesetzt wurden

Chinchaysuyu
Nördliches Teilgebiet des Inkareichs

Chullpa
Runder oder eckiger Grabturm der Vorinkazeit, häufig aus kunstvoller Steinmetzarbeit

Ciudadela

„Zitadelle“ – eine Residenz im Zentrum der Chimú-Hauptstadt Chan Chan

Collasuyu

Südliches Teilgebiet des Inkareichs

Contisuyu

Westliches Teilgebiet des Inkareichs

Coricancha

„Goldener Raum“ – das wichtigste Heiligtum der Inkakultur in Cusco

El Tintero

„Das Tintenfass“ – kegelförmiger Haupttempel in der Chachapoya-Festung Kuélap

Huaca

Heilige Stätte in Form eines Grabes oder einer Pyramide, auch auffällige Naturform (wie Felsen, Berggipfel)

Huaquero

Grabräuber

Incahuasi

Wörtlich „Haus des Inka“ – Königspalast

Inca

Titel des obersten Herrschers der Quechua und seiner Angehörigen; später Bezeichnung für alle Bewohner des Inkareichs

Inti

Der Sonnengott der Inka

Inti Raymi

Fest der Wintersonnenwende

Intihuatana

Sonnenstein, mit dessen Hilfe die Inka den Lauf der Sonne beobachten konnten

Pachamama

„Große Erdmutter" – Gottheit aus vermutlich schon vorinkaischer Zeit

Quechua

Die Sprache der Inka; außerdem die ursprüngliche Bezeichnung für ihr Volk, bevor die Spanier diese Bezeichnung, die allein der Herrscherschicht vorbehalten war, für das gesamte Volk verwendeten

Quipu

Knotenschnüre, die die Laufboten der Inka zur Übermittlung von Nachrichten bei sich trugen

Señor de Sipán

„Der Fürst von Sipán" – Mocheherrscher, der in der Nekropole von Sipán bestattet wurde

Tahuantinsuyu

Die vier miteinander verbundenen Teilgebiete des Inkareichs

Tambo

Raststätte an einer Inkastraße

Tumi

Zeremonial- und Opfermesser mit halbmondförmiger Klinge und meist kunstvoll gestaltetem Griff, typisch für die Moche- und Lambayeque-Kultur

Viracocha

Der Schöpfergott der Inka

Adressen

Botschaft der Bundesrepublik Deutschland
Embajada de la República Federal de Alemania
Apartado 18-0504
Lima 18
Perú
Diplomatische Vertretung Deutschland in Peru

Botschaft der Republik Peru
Mohrenstraße 42
D-10117 Berlin
www.peru.org.pe
Offizielle Touristeninformationen für die Reise nach Peru

Museum für Völkerkunde Hamburg
Rothenbaumchaussee 64
20148 Hamburg
www.voelkerkundemuseum.com
Altperu-Sammlung und enge Kooperation mit dem Brüning-Museum in Lambayeque

Reiseveranstalter

AKZENTE Südamerika Reisen GmbH
Marktplatz 2
95632 Wunsiedel
Tel. +49 (0) 9232-996688
www.akzente-tours.de

América Special Tours GmbH
Adams-Lehmann-Straße 56
80797 München
Tel.: +49 (0) 89-127091-128
www.america-special-tours.de

Erlebe Peru
Flughafen-Ring 199
47652 Weeze
Tel. +49 (0) 2837-6638-112
www.erlebe-peru.de

Inca Travel
Im Wiesgarten 11
56357 Welterod
Tel. +49 (0) 6775-969710
www.inca-travel.de

Links

www.inkanatura.com
Reiseangebote, die zur Erhaltung von Nationalparks, Reservaten und archäologischen Stätten in Peru dienen

www.huacasdemoche.pe
Informationen über den Sonnen- und Mondtempel der Moche in Spanisch, Englisch, Französisch, Deutsch und Portugiesisch

http://museoleymebamba.org/ley_index_en.htm
Informationen über die Chachapoya und die Mumienfunde aus der Laguna de los Cóndores, die im Museum aufbewahrt sind

www.peruerleben.com
Deutsches Magazin für Freunde peruanischer Kultur

www.peru.travel
Offizielles peruanisches Tourismusportal

www.peruline.de/peru/index.html
Informationsservice mit aktuellen allgemeinen Informationen über Peru und Reiseziele im Land

Literatur

Die folgenden Titel, die als Quellen für dieses Buch verwendet wurden, sind zum Weiterlesen sehr zu empfehlen.

Berhorst, Ralf (2013): **Der geheime Code der Inka**. In: National Geographic 11

Cavatrunci, Claudio; Bourbon, Fabio (Hg.) (2005): **Peru. Die Inka und ihre Vorläufer**. Hirmer Verlag, München

Giffhorn, Hans (2014): **Wurde Amerika in der Antike entdeckt? Karthager, Kelten und das Rätsel der Chachapoya**. C. H. Beck Verlag, München, 2. überarbeitete Auflage

Grün, Evamaria (Hg.) (1996): **Die Entdeckung von Peru 1526–1712. Die Eroberung des Inkareiches durch Pizarro und andere Conquistadoren**. Edition Erdmann, Wiesbaden

Hagen, Adriana von: **An Overwiew of Chachapoya Archaeology and History**. http://museoleymebamba.org/ chachaarki.website.pdf (Zugriff: 16. 7. 2015)

Herrmann, Frank (2013): **Peru, Westbolivien**. DuMont, Ostfildern, 4., vollständig überarbeitete Auflage

Koschmieder, Klaus; Zetsche, Viola (2010): **Im Reich der Wolkenkrieger**. In: Antike Welt 1

Kurella, Doris (2015): **Kulturen und Bauwerke des Alten Peru**. Kröner Verlag, Stuttgart, 2., aktualisierte und ergänzte Auflage

Kurella, Doris; de Castro, Inés (Hg.) (2013): **Inka. Könige der Anden**. Verlag Philipp von Zabern, Darmstadt

Lerche, Peter (2000): **Tote im Fels**. In: National Geographic 9

Pringle, Heather (2011): **Auf dem Gipfel der Macht**. In: National Geographic 4

Riese, Berthold (2012): Machu Picchu. Die geheimnisvolle Stadt der Inka. Verlag C. H. Beck, München, 2. überarbeitete Auflage

Schmelz, Bernd (2013): **Die Inka. Geschichte und Kultur**. Kohlhammer Verlag, Stuttgart

Quilter, Jeffrey (2008): **Die Schätze der Anden. Von der Eiszeit zu den Inka**. Tandem Verlag, Potsdam

Zetsche, Viola (2009): **Totenkult der Wolkenkrieger**. In: Spektrum der Wissenschaft – Epoc 4

Zick, Michael (2011): **Die rätselhaften Vorfahren der Inka**. Konrad Theiss Verlag, Stuttgart

Dokumentarfilme

Die Stadt der Wolkenmenschen
http://www.zdf.de/ZDFmediathek/beitrag/video/937032/Die-Stadt-der-Wolkenmenschen
Die Dokumentation begleitet den Archäologen Klaus Koschmieder zu einigen Kulturstätten der Chachapoya.

Karthagos vergessene Krieger
http://www.zdf.de/zdfinfo/karthagos-vergessene-krieger-neuanfang-in-suedamerika-37556024.html
Die Dokumentation befasst sich mit der These des Kulturwissenschaftlers Hans Giffhorn, die Chachapoya seien Nachkommen der antiken Karthager und Kelten.

Porters of the Inca Trail
http://matchbox.media/works/documentaries/porters-of-the-inca-trail.html
Der Dokumentarfilm schildert die strapaziösen Arbeitsbedingungen der Lastenträger auf dem Inkatrail nach Machu Picchu.